MELANIE GRÄSSER | EIKE HOVERMANN

Gelassen durch die Baby-Zeit

Essen – spielen – beruhigen – schlafen
Alles für einen stressfreien Alltag

Empfohlen von:

humboldt

An diesem Buch haben mitgeschrieben:

Ilka Bahr, Versicherungsfachfrau, pharmazeutisch-technische Assistentin, Bremen

Patricia Ben Kahla, Diplom-Erziehungswissenschaftlerin, Lippstadt

Felicitas Bergmann, Kinder- und Jugendlichenpsychotherapeutin, Köln

Benedikt Bilstein, Rechtsanwalt, Lippstadt

Kai Brüggemann, Diplom-Psychologe, Psychologische Beratungsstelle, Gummersbach

Timon Bruns, Psychologischer Psychotherapeut, Mönchengladbach

Angelina Castellana, Hebamme, Lippstadt

Ute Diers, Physiotherapeutin, Lippstadt

Anja Dragon, Diplom-Sozialarbeiterin, Ernährungsberaterin, Brühl

Patrick Dressel, Versicherungsfachmann, Sozialversicherungsfachangestellter, Bremen

Sabine Eilers, Erzieherin und Fachkraft für Psychomotorik, Westerstede

Udo Elfert, Logopäde, Bielefeld

Ulrike Gleißner, Diplom-Psychologin, Bonn

Hafsa Hadj-Mustafa, Erzieherin, Städtische Kita Nordwestwind, Frankfurt am Main

Insa Horn, Erzieherin, Fachkraft für Sprachbildung, Barsbüttel

Julia Lüdke, Integrationsfachkraft, Diplom-Sozialarbeiterin, Frühpädagogin (B.A.), Lünen

Hildegunde Kaiser, Fachärztin für Kinderheilkunde und Neuropädiaterin, Lippstadt

Vivian König, Markranstädt

Annette Kornbrust, Fachärztin für Kinderheilkunde, Bonn

Maja Koutsandréou, Psychologische Psychotherapeutin, Lippstadt

Clara Meynen, Diplom-Psychologin, Berlin

Nastasja Mierzwa, Erzieherin, Kassel

Heide Nietsch, Diplom-Sozialpädagogin, Familientherapeutin, Villingen-Schwenningen

Manfred Nietsch, Diplom-Sozialarbeiter, ehem. Jugendamtsleiter, Villingen-Schwenningen

Agnieszka Pawlowska, Autorin/Regisseurin, Bonn

Janine Pierskalla, Logopädin, Fachkraft für Sprachförderung, Halberstadt

Nina Praun, Psychologische Psychotherapeutin, Mönchengladbach

Anett Radinger, Erzieherin, PEKiP-Gruppenleiterin, Berlin

Leonore Schicktanz, Leiterin Familienhaus „Kastanie", Berlin

Luitgard Maria Streblow, Diplom-Sozialpädagogin, Lippstadt

Daniela Thams, Diplom-Sozialpädagogin, Sozialmanagement (M.sc.), Bochum

Nathalie Vermeiren, Lippstadt

Das Team des sonderpädagogischen Förderzentrums, Toulouse-Lautrec-Schule, Berlin: Tobias, Gülsah, Inga, Joshua, Sebastian, Roman, Rami, Daniel, Erik, Agnes, Jaqueline und Heike Möx

... und zahlreiche weitere Expertinnen und Experten und Gutachterinnen.

Wir widmen dieses Buch allen Kindern dieser Welt.

INHALT

Vorwort	**8**
Die Entwicklungsstufen des Babys	**9**
Die Entwicklung der Bindung	11
Die seelische und körperliche Entwicklung	15
Die motorische Entwicklung	17
Greifen und begreifen	18
Das Baby wird mobil	22
Das Denken setzt ein	26
Die sprachliche Entwicklung	28
Die Entwicklung des Sehens	37
Die Entwicklung des Hörens	38
Entwicklungsverzögerungen? Gelassen bleiben!	39
Die 10 besten Tipps für eine gute Entwicklung	40
Babys erste Tage zu Hause	**43**
Organisation von Kind und Haushalt	45
Sicherheit im Haushalt	46
Das Babybett	49
Das Babyphone	51
Der Wickeltisch	52
Wärmelampe und Heizstrahler	52
Die Badewanne	53
Geräusche und Lärm	55
Die richtige Babykleidung	**56**
Die Mütze	58
Die passende Kleidung für jedes Wetter	59
Die Schuhe	61

Die Ernährung des Babys   63

Brust oder Flasche? 63
Wichtiges rund ums Stillen 64
Zufüttern und Folgenahrung 80

Schlaf, Kindchen, schlaf   92

Schlafenszeiten: Was ist „normal"? 92
Eine schöne Schlafatmosphäre 93
So klappt es: Einschlafrituale 94
Tipps für eine ruhige Nacht 95
Schlafen im elterlichen Bett 96
Frischluft im Kinderzimmer 97
Gut zugedeckt 97
Wichtig: das Nachtlicht 98
Schreien lassen? 99
Tiere im Bett 99

Die Pflege des Babys   100

Die tägliche Körperpflege 100
Waschen 101
Baden 102
Windeln 104
Wickeln 105
Nabelpflege 110
Nagelpflege 111
Ohrenpflege 112
Zähneputzen 113

Babymassage   116

Verwöhnprogramm für die Kleinsten 116
Babymassage – so geht's 117

Babys Sinne 120

Fühlen und Spüren 120
Hören 121
Riechen 121
Schmecken 121
Sehen 122
Förderung von Babys Sinnen 122

Spiel, Spaß & Abwechslung für die Kleinen 123

Die Babywippe 124
Das Mobile 125
Der Laufstall 125
Welches Spielzeug und ab wann? 126
Spiele für die Kleinsten 129
Babygruppen 132

Mit dem Baby unterwegs 139

Tragetücher 139
Kinderwagen 142
Die Wickeltasche 143
Im Auto 144
Mit dem Fahrrad unterwegs 147
In öffentlichen Verkehrsmitteln 148
Spazieren gehen 149
Schwimmbadbesuch 151
Restaurantbesuch 153

Die Gesundheit des Babys 154

Soforthilfe 154
Notfall-/Hausapotheke 156

Homöopathie 158
Der richtige Kinderarzt 160
Das gelbe U-Heft 161
Die Verdauung 167
Das Impfen 175
Hautprobleme bei Babys 176
Das Zahnen 178
Schnuller oder Daumen? 179
Frische Luft und Luftbefeuchter 180
Plötzlicher Kindstod 181
Rauchen in der Wohnung 183

Größere und kleinere Krisensituationen — 184

Der Babyblues 184
Die Wochenbettdepression 185
Erschreckende Gedanken 187
Schreibabys 189
Mama ist krank – was nun? 194
Gute Ablenkungsmanöver 195
Traumatische Erlebnisse überwinden 196
Hilfe, der Schnuller ist weg! 197
Das Kuscheltier ist nicht da 198
Das Baby mag nicht essen 199

Die Kinderbetreuung — 202

Familie und Beruf 202
Kindergarten, Kita, Krippe 203
Tagesmutter & Co. 204
Oma und Opa 205
Babysitter 206
Das Au-pair 207

Alle wissen es besser	**208**
„Ich würde es anders machen!"	208
„Das Kind ist zu dick/zu dünn!"	209
Grenzen setzen bei den Großeltern	210

Auszeiten für die Eltern	**212**
Von der Partnerschaft zur Elternschaft	212
Verbringen Sie Paar-Zeit!	213
Mutter-/Vater-Kind-Kur	214

Wichtige Adressen	**215**
Empfehlenswerte Links für Eltern	219

Register	**221**

Die wichtigsten Checklisten für die ersten beiden Jahren mit Ihrem Kind finden Sie hier noch einmal zum Download.

www.humboldt.de/url/416321

VORWORT

Liebe Eltern, liebe zukünftige Eltern,

neun Monate lang hatten Sie Zeit, dem Moment der Geburt Ihres Kindes entgegenzufiebern. Neun Monate voller Vorfreude, Glück – und vielleicht auch ein wenig Angst, etwas falsch zu machen.

Vielleicht haben Sie auch schon einmal etwas vom Babyblues oder von Schreibabys und möglichen Entwicklungsverzögerungen gehört oder Sie haben Angst vor schlaflosen Nächten? Ihnen erscheint das Ganze wie ein Abenteuer mit vielen offenen Fragen? Seien Sie sicher: So geht es allen zukünftigen und frischgebackenen Eltern.

Lassen Sie sich nicht verunsichern, wenn alle anderen um Sie herum scheinbar mühelos und perfekt ihr Kind großziehen. Sie müssen nicht perfekt sein, um gute Eltern zu sein! Mit der Zeit werden Sie den richtigen Weg im Umgang mit Ihrem Kind finden, und Sie werden auch in der Lage sein, zu erkennen, was es braucht.

Um Ihnen die Angst vor dem Unbekannten zu nehmen und Sie für das Abenteuer Eltern zu rüsten, haben wir gemeinsam mit zahlreichen Experten wie Erzieherinnen, Hebammen und Kinderärzten diesen Ratgeber für Sie geschrieben. Er enthält viele Tipps, gibt Ihnen Antworten auf Ihre Fragen und ist somit der ideale Begleiter und Ratgeber für die ersten zwei spannenden Jahre gemeinsam mit Ihrem Kind.

Viel Spaß beim Lesen, Schmökern oder Nachschlagen und ganz viel Freude in den kommenden Monaten und Jahren wünschen Ihnen *Melanie Gräßer und Eike Hovermann* sowie das gesamte Expertenteam.

DIE ENTWICKLUNGS-STUFEN DES BABYS

Wie oft sind Eltern verunsichert, stehen unter Druck und stellen sich Fragen wie: „Ist mein Kind überhaupt altersgemäß entwickelt?", „Warum lernt es laufen, ohne vorher gekrabbelt zu haben?", „Was ist normal und wo gibt es eventuell Abweichungen?" Jedes neugeborene Kind gilt als Individuum, das von Anfang an seine Entwicklung mitbestimmt. Die ersten Lebensjahre eines Kindes stecken voller Überraschungen.

Eine spannende, unbeschreiblich schöne Zeit liegt vor Ihnen, in der Sie voller Ungeduld auf den ersten Zahn, den ersten Schritt und die ersten Worte warten.

Kinder erkunden ihre Welt mit allen Sinnen, haben Lust am Entdecken, Freude am Lernen. Ihre Aufgabe als Eltern ist es, Ihrem Kind die Welt zu eröffnen, ihm die Möglichkeit zu geben, sich ganzheitlich zu entwickeln.

Als Eltern erspüren Sie die Interessen und Begabungen Ihres Kindes ganz intuitiv. Dabei kommt es nicht darauf an, ob es schon mit zwölf Monaten oder erst mit 18 Monaten seine ersten Schritte wagt.

Halten Sie sich an das afrikanische Sprichwort: „Das Gras wächst nicht schneller, wenn man daran zieht." Ein Kind braucht in erster Linie Vertrauen und Liebe für eine gute Entwicklung.

Die Entwicklungsstufen des Babys

Meilensteine in der kindlichen Entwicklung

Alter	Entwicklungsstand
2 Monate	Das Kind kann in der Bauchlage den Kopf heben.
3 Monate	Es strampelt in Rückenlage mit den Beinen.
4 Monate	Es öffnet die Fäustchen, stützt sich in der Bauchlage auf und kann den Kopf in den meisten Positionen sicher halten.
5 Monate	Es führt vor dem Körper die Hände zusammen, spielt mit den Händen und Füßen, hat die volle Kopfkontrolle.
6 Monate	Es stützt sich in Bauchlage auf die Hände, beim Hochziehen aus der Rückenlage kann es den Kopf halten.
7 Monate	Es greift Spielsachen mit der Hand und kann sie in die andere Hand wechseln.
8 Monate	Es rollt aus der Bauchlage in die Rückenlage und wieder zurück.
10 Monate	Es kann frei sitzen und beginnt, aus dem Sitz herauszukrabbeln. Es fängt an, sich an Gegenständen hochzuziehen.
12 Monate	Es kann frei stehen und sein Gewicht tragen; Entwicklung des Zangengriffs (kann Gegenstände mit Zeigefinger und Daumen greifen).
15 Monate	Es kann kurze Strecken frei laufen, muss sich dabei aber sehr konzentrieren, der Gang ist noch etwas unkontrolliert.
16 Monate	Es kann einen Ball rollen und werfen.
18 Monate	Sicheres Gehen, gleichmäßige Schritte (auch rückwärts), es fällt nur noch selten hin.
19 Monate	„Essmanieren" entwickeln sich, das Essen mit dem Löffel klappt immer besser.
22 Monate	Es kann mit dem Fuß einen Ball schießen, mithilfe eines Geländers eine Treppe laufen, sich ausziehen, Hände waschen, Hindernisse umgehen, ohne davorzulaufen.
24 Monate	Der Zangengriff ist zum Pinzettengriff geworden; es kann Buchseiten umblättern, mit beiden Beinen vom Boden hochspringen.

Die Entwicklung der Bindung

Die Bindung zwischen Ihnen als Eltern und Ihrem Baby ist enorm wichtig für die Entwicklung, damit Ihr Kind sich sicher und geborgen fühlt. Nur wenn es eine sichere Bindung zu Ihnen aufbauen kann, wird es sich optimal entwickeln können.

An dieser Stelle erläutern wir die vier Phasen der Bindungsentwicklung und geben Ihnen Anregungen, was Sie tun können, um die Bindung zu Ihrem Kind optimal zu festigen.

Die Vorbindungsphase

Diese Phase umfasst die Zeit ab der Geburt bis zum Ende des zweiten Lebensmonats. In dieser Zeit erholt sich Ihr Säugling noch von der Geburt und versucht durch angeborene Verhaltensweisen (horchen, anschauen, schreien, festsaugen, umklammern und anschmiegen) den Kontakt zu seiner Mutter herzustellen.

> **EXPERTENTIPP**
>
> Reagieren Sie auf diese Verhaltensweisen, lächeln Sie Ihr Kind an, sprechen Sie mit ihm und nehmen Sie es in den Arm. Versorgen Sie es mit ausreichend Nahrung. Gehen Sie dicht an Ihr Baby heran, damit es Ihre Augen sehen kann, und sprechen Sie mit einer angenehmen und hohen Stimmlage. So helfen Sie Ihrem Kind, Sie immer wiederzuerkennen.

Die beginnende Bindungsphase

Diese Phase dauert vom Ende des zweiten Monats bis zum Alter von sechs bis acht Monaten. In dieser Phase fängt Ihr Säugling an, auf bekannte Personen (meistens Sie als Eltern) anders zu reagieren als auf fremde Personen. In dieser Zeit entwickelt es eine sehr starke Bindung zu der Hauptbezugsperson (meist der Mutter).

Zum Ende dieser Bindungsphase beginnen viele Kinder mit dem „Fremdeln", meist drehen sie verängstigt den Kopf weg, wenn sie von einer nicht vertrauten Person angesehen werden, und klammern sich unsicher an die Vertrauensperson. Seien Sie froh, wenn Ihr Kind fremdelt, denn das ist ein Zeichen von Reife! Indem Ihr Baby zwischen Bekannten und Unbekannten unterscheiden kann, hat es einen sehr wichtigen Schritt in seiner Entwicklung gemacht. Außerdem können Sie stolz darauf sein, dass es Sie als seine engste Bezugsperson auserwählt hat.

Weil das Fremdeln meist mit acht Monaten beginnt, wird es auch als „Achtmonatsangst" bezeichnet. Seinen Höhepunkt mit starkem Beäugen und Verstecken hinter Ihren Hosenbeinen hat das Fremdeln zumeist im zweiten Lebensjahr. Keine Sorge, ab etwa dem dritten Lebensjahr nimmt es auch wieder allmählich ab.

> **! EXPERTENTIPP**
>
> Akzeptieren Sie diese Entwicklung. Es fällt Ihrem Kind meist leichter, wenn es erst einmal nur zu einer Person eine enge Bindung aufbaut. Diese Person ist nun einmal diejenige, die sich ständig um das Kind kümmert und all seinen Bedürfnissen nachgeht. Aber keine Sorge, es wird den Kreis seiner Bezugspersonen noch erweitern.

Die Phase der eindeutigen Bindung

Diese Entwicklungsphase dauert, bis Ihr Kind eineinhalb bis zwei Jahre alt wird. In dieser Phase besteht eine eindeutige Bindung zur Mutter (oder der Hauptbezugsperson). Diese Bindung ist so intensiv, dass das Kind Trennungsängste entwickelt, sprich anfängt zu weinen, wenn Sie den Raum verlassen und sich verabschieden.

Diese Zeit nennt man auch das „Rockzipfelalter", denn Ihr Kind möchte eigentlich immer dort sein, wo Sie sich gerade aufhalten. Es ruft nach Ihnen, wenn Sie außerhalb seines Blickfeldes sind, um zu überprüfen, dass Sie auch wirklich noch da sind. In dieser Zeit wird die Bindung nicht nur fremdbestimmt, d. h. dass jemand zu Ihrem Kind kommen muss, sondern es fängt an, selber die Bindungsintensität zu steuern. Es beginnt hinter Ihnen herzukrabbeln bzw. herzulaufen.

> **EXPERTENTIPP**
>
> Fühlen Sie sich nicht genervt von Ihrem Kind, auch wenn es förmlich an Ihnen zu kleben scheint, sondern fühlen Sie sich geehrt. Denn durch diese ständige Nähe und das Dabeisein bei fast allen Aktivitäten lernt Ihr Kind die Grundlagen der Welt kennen.

Die Phase gegenseitiger Beziehungen und die Trotzphase

Mit Ende des zweiten und Beginn des dritten Lebensjahrs beginnt die Phase, in der sich der Radius sozialer Bindungen deutlich erweitert. Ihr Kind ist jetzt in der Lage zu sprechen, zu verhandeln und zu verstehen, was Sie als seine Bezugspersonen von ihm möchten. Ihr Kind sucht sich nun auch andere enge Bezugspersonen aus, zum Beispiel ein Großelternteil, zu dem es eine enge Bindung eingeht und mit dem es sich fern von seiner Mutter auf Abenteuerreise begibt.

Das Kind wird auch zunehmend selbstständiger und besteht darauf, vieles schon alleine zu können. Vielleicht bekommt es einen Wutanfall, wenn mal etwas nicht gelingt. Dieses Alter nennt man deshalb auch das „Trotzalter". In dieser Phase geht Ihr Kind immer wieder neue Bindungen ein, die eine stärker, die andere ganz schwach. Durch diese unterschiedlichen Bindungen lernt Ihr Kind, sich mit anderen auseinanderzusetzen, und es lernt die sozialen Strukturen und Regeln kennen. Diese Phase der gegenseitigen Beziehungen ist niemals abgeschlossen, sie dauert sozusagen bis zum Tod an – also befinden auch wir uns noch immer in dieser Phase.

! EXPERTENTIPP

Lassen Sie Ihr Kind eigene Erfahrungen machen, aus Fehlern lernen und auch falsche Freunde finden. Denn jede Erfahrung, egal ob positiv oder negativ, trägt zur Entwicklung der eigenen Persönlichkeit bei. Bedenken Sie, dass Sie Ihr Kind nicht vor allem bewahren können, und denken Sie einmal zurück an eigene Erfahrungen, aus denen Sie selber viel gelernt haben.

Sagen Sie Ihrem Kind immer wieder, dass Sie es lieb haben, dass Sie stolz darauf sind, was es alles macht und kann und dass es etwas ganz Besonderes ist. Denn so kann Ihr Kind ein gutes Selbstbild und einen guten Selbstwert entwickeln!

> **KEINE GEFAHR, DASS SIE IHR BABY ZU SEHR VERWÖHNEN!**
>
> Babys und Kleinkinder bis zu eineinhalb Jahren leben im Hier und Jetzt. Zusammenhänge, die über den Zeitraum eines Augenblicks hinausgehen, kann Ihr Baby noch nicht herstellen. Sie können Ihr Kind also nicht zu sehr verwöhnen.
>
> Gedanken wie „Wenn ich dieses tue, dann bekomme ich von Mama jenes" sind noch nicht in der Gedankenwelt Ihres Babys angelegt. Ein Baby schreit oder weint, wenn es ein Bedürfnis hat, und nicht, weil ein größerer Plan dahintersteckt. Solche Gedankengänge treten frühestens ab ca. sechs Jahren auf.

Die seelische und körperliche Entwicklung

Die früheste Stufe der Selbstentwicklung eines Säuglings sind Körpererfahrungen. Nachdem das Neugeborene den sicheren, wohligen, wärmenden Bauch seiner Mutter verlassen hat, wird es plötzlich mit ganz vielen neuen, zum Teil erschreckenden, Eindrücken konfrontiert und muss darauf reagieren und sich anpassen. Es bekommt schnell mit, dass es durch körperliche Aktivitäten eine Wirkung erzielen kann, und bekommt, was es braucht und haben möchte. Schauen Sie Ihrem Kind zu und Sie werden merken, dass es über Bewegung Kontakt mit Ihnen aufnimmt.

Die körperliche Entwicklung Ihres Kindes verläuft in verschiedenen Abschnitten. Freuen Sie sich über diese einzelnen Entwicklungsschritte Ihres Kindes.

Ebenfalls für die seelische Entwicklung äußerst wichtig ist die Bindungsentwicklung. Schon sehr früh können Sie die Bindung zu Ihrem Kind festigen. Wissenschaftliche Untersuchungen zeigen, dass viel Körpernähe Säuglingen den notwendigen Halt gibt und die Bindung positiv beeinflusst. Das bedeutet, dass Kinder, die als Säuglinge eine sehr enge körperliche Bindung hatten, später eine festere Bindung zu ihren Eltern haben, als Kinder, die im Säuglingsalter wenig körperliche Nähe spüren konnten. Tragen Sie Ihr Kind ruhig öfters mal im Tragetuch.

Auch das Eingehen auf die frühkindlichen Bedürfnisse beeinflusst die Eltern-Kind-Bindung. Das heißt, wenn Sie direkt auf die Bedürfnisse Ihres Babys eingehen, also es z. B. direkt füttern, wenn es Hunger hat, stellt sich eine stärkere Bindung ein, als wenn Sie dies nicht tun.

Für die Eltern-Kind-Bindung sind Ihre Zuverlässigkeit und Beständigkeit wichtig. Wenn Ihr Kind erfährt, dass es sich immer auf seine Eltern verlassen kann und sie immer für es da sind, wird sich die Eltern-Kind-Bindung immer mehr festigen. Denken Sie stets daran, dass Sie für Ihr Kind die wichtigsten Bezugspersonen sind und ihm Sicherheit und Geborgenheit vermitteln sollten, egal was passiert!

! EXPERTENTIPP

Lassen Sie sich bitte nicht von den eigenen Eltern, Schwiegereltern, Bekannten beirren, die noch getreu dem Motto, das Kind ruhig mal schreien zu lassen, groß geworden sind. Diese Ansichten sind aus heutiger wissenschaftlicher und fachlicher Sicht völlig überholt!

Die motorische Entwicklung

Irgendwann einmal laufen zu können, ist das Ziel. Jedes gesunde Kind lernt es – die einen früher, die anderen später. Machen Sie sich bloß nicht verrückt, wenn Ihr Kleinkind zu den angegebenen Zeitpunkten den einen oder anderen Schritt noch nicht gemacht hat. Jedes Kind entwickelt sich individuell, und dies sind nur Durchschnittswerte!

Die motorischen Entwicklungsstufen des ersten Lebensjahres

Alter	Entwicklungsstufen
4 Wochen	Ihr Säugling fängt an, in der Bauchposition das Köpfchen eigenständig zu heben.
8 – 14 Wochen	In der Liegeposition kann Ihr Baby wahrscheinlich schon zusätzlich zum Kopf den Brustkorb mit anheben, oft stützen sich die Säuglinge auf den Armen ab oder machen den „Flieger".
16 – 20 Wochen	Mit Hilfestellung kann Ihr Säugling schon sitzen – dies sollten Sie jedoch nie länger ausprobieren, sondern erst, wenn Ihr Kind sich von ganz alleine hinsetzt!
30 – 34 Wochen	Ihr Kleinkind kann evtl. alleine sitzen.
34 Wochen	Mit Hilfe wird Ihr Kind wahrscheinlich schon stehen können.
36 – 42 Wochen	Ihr Kind fängt an zu krabbeln.
44 – 50 Wochen	An der Hand bzw. an den Händen kann Ihr Kind wahrscheinlich schon mehrere Schritte nacheinander gehen.
50 – 60 Wochen	Ihr Kind kann sich alleine hinstellen, steht sicher und fällt nicht um.
50 – 60 Wochen	Ihr Kind fängt an, die ersten Schritte alleine zu machen.

In der Regel passieren diese Entwicklungsschritte von ganz alleine, ohne dass Sie als Eltern groß etwas dazu beitragen müssen. Sollten Sie trotzdem das Gefühl haben, dass sich die motorische Entwicklung

Ihres Kindes deutlich verzögert, besprechen Sie dies am besten mit dem Kinderarzt.

EXPERTENTIPP

Natürlich können Sie Ihr Kind auch auf spielerische Weise fördern. Legen Sie beispielsweise, wenn Ihr Kind gerade mit dem Krabbeln anfängt, sein Lieblingsspielzeug immer weiter weg, sodass es einen Anreiz hat, immer weiterzumachen.

WANN DARF DAS BABY SITZEN?

Kinder sollten nicht zu früh hingesetzt werden. Viele Mütter haben daher ein schlechtes Gewissen, wenn sie ihr Baby mal in die Sitzposition bringen. Wenn Sie es von Zeit zu Zeit gut abgestützt und nicht länger als zehn Minuten pro „Sitzung" vor sich hinsetzen, ist das vollkommen okay!

Greifen und begreifen

Kinder lernen die Welt Schritt für Schritt kennen, zu Beginn zunächst durch das Anfassen, das Greifen. Sie begreifen, wie Dinge sich anfühlen, wie sie funktionieren und was passiert, wenn man etwas runterwirft. Selbst Säuglinge greifen schon nach dem Finger, wenn man ihn hinhält, dies geschieht jedoch zunächst eher aus einem Reflex heraus. Wenn das Greifen aber immer zielgerichteter wird, bedeutet dies einen großen Schritt in Richtung Selbstständigkeit.

Der Säugling fängt nun an, selber zu bestimmen, was er greifen möchte und was nicht. Er lernt langsam seine Umwelt kennen, untersucht die unterschiedlichen Dinge in seiner Nähe auf Herz und Nieren und führt diese auch zum Mund, ab dem fünften Monat sogar in den Mund. Der Tastsinn Ihres Babys ist wesentlich besser entwickelt als alle anderen Sinne wie Sehen, Hören oder Schmecken. Wissenschaftler haben herausgefunden, dass Babys in der Lage sind, sich ein echtes Bild von dem zu machen, was sie mit Lippen, Zunge oder Gaumen ertasten.

Wenn man das Greifen und damit auch die Nutzung der Hand allgemein im Verlauf der ersten Monate und Jahre beobachtet, kann man deutliche Veränderungen wahrnehmen. Zu Beginn sind die Hände zum Packen, Festhalten und wieder Loslassen da. Im Verlauf lernen Kinder, mit ihren Händen eigenständig zu essen und sich die Schnürsenkel zuzubinden.

Die Entwicklungsschritte des Greifens im ersten Lebensjahr

Alter	Entwicklungsschritte
1. Monat	Greifreflex: Alles was das Handinnere des Säuglings berührt, wird reflexartig festgehalten, das Loslassen funktioniert unkoordiniert. Manches wird zum Mund geführt, um daran zu saugen.
2. Monat	Der Säugling hat die Hände meist zu lockeren Fäusten geballt und hält Gegenstände fest, lässt diese jedoch nicht los. Wenn man über den Handrücken streicht, geht die Hand wieder auf.
3. Monat	Die Hände sind nun geöffnet, einzelne Finger werden in den Mund gesteckt. Dinge können durch Ertasten gegriffen werden. Hingehaltene Gegenstände können gegriffen, bewegt und (meist unkontrolliert) losgelassen werden. Alles wird in den Mund gesteckt.
4. Monat	Der Säugling greift gezielt nach Dingen, und die Hände werden über die Körpermitte zusammengeführt und beobachtet. (Die Augen-Hand- und Hand-Hand-Koordination beginnt.) Ein erstes Spielen mit den Händen findet statt. Jetzt kann man anfangen, spielerisch diese Koordination zu trainieren: Halten Sie einen Gegenstand mal mittig, mal an der einen und mal an der anderen Seite über Ihren Säugling und lassen Sie ihn danach greifen. Trainieren Sie so auch das Überkreuzgreifen, das ist wichtig für die Stimulation beider Gehirnhälften.

Alter	Entwicklungsschritte
5. Monat	Das Greifen wird immer gezielter, und Ihr Säugling fängt an, mit beiden Händen Dinge zu untersuchen. Er kann nun auch nach Dingen greifen, ohne sie zu sehen, d. h. er erinnert sich, wo etwas gelegen hat (z. B. abends im Bett der Schnuller). Die Wahrnehmung des Säuglings verändert sich nun gewaltig, er sieht nicht nur, sondern nimmt wahr!
6. Monat	Der anfängliche Greifreflex ist nun verschwunden – Dinge werden zwischen den Händen hin- und hergegeben, gedreht und betastet – der Säugling sammelt viele Eindrücke zu unterschiedlichen Dingen. Sie werden bemerken, dass Ihr Baby anfängt, Vorlieben für bestimmte Gegenstände zu entwickeln. Diese werden immer wieder lange untersucht, weniger Spannendes wird schnell wieder weggelegt. Auch fängt Ihr Säugling mit dem Pinzettengriff an, er greift Dinge mit Daumen und Zeigefinger.
7. Monat	Die Hand-Hand-Koordination wird immer sicherer, Ihr Säugling übergibt Gegenstände sicher von einer in die andere Hand. Die genetisch bedingte Händigkeit kann man schon langsam erkennen. Halten Sie einen Gegenstand in die Mitte und beobachten Sie, mit welcher Hand Ihr Baby zuerst danach greift. Meist ist dies dann auch später die Schreibhand.
8. Monat	Ihr Säugling fängt nun an, mehrere Gegenstände auf einmal zu greifen. Er kann Sachen gegeneinanderhauen oder mit ihnen auf eine Unterlage klopfen. Die Wirkung seines Handelns wird ihn begeistern, und er wird es immer und immer wieder tun. Sehr wahrscheinlich kann Ihr Kind sich auch schon eigenständig in die Bauchlage drehen und ist so sicher, dass es sich abstützen und mit einer Hand nach einem Gegenstand greifen kann.
9. Monat	Der Pinzettengriff ist langsam ausgereift, nun können mit zwei Fingern auch kleinere Dinge gegriffen werden. Außerdem wird Ihr Kind viel damit experimentieren, was passiert, wenn man einzelne Dinge fallen lässt. Seien Sie also vorsichtig, was Sie ihm geben, und ärgern Sie sich nicht, wenn Ihr Kind zum zwanzigsten Mal das Spielzeug fallen gelassen hat. Diese Phase ist wichtig für seine Entwicklung, Ihr Kind lernt das Wechselspiel von Aktion und Reaktion kennen.

Greifen und begreifen 21

Alter	Entwicklungsschritte
10. Monat	Ihr Kind nutzt seine Hände inzwischen nicht mehr nur noch zum Greifen, sondern es kann gezielt auf Dinge zeigen, die es haben möchte bzw. toll findet. In Büchern kann es vielleicht schon auf Dinge zeigen, nach denen Sie es fragen („Wo ist der Hund?").
11. Monat	Ihr Kind fängt langsam an, die Hände zum eigenständigen Essen (Butterbrot oder Banane werden gegriffen und gezielt zum Mund geführt) und Trinken (Flasche oder Becher werden mit beiden Händen gehalten) zu nutzen. Außerdem wird Ihr Kind anfangen, alles auf seine Funktion hin zu untersuchen, z. B. werden Schubladen und CD-Ständer ausgeräumt, Lichtschalter immer wieder gedrückt etc.
	Tipp: Stellen Sie Ihrem Kind Kartons mit unterschiedlich großen und farbigen Dingen hin (Murmeln, harte Nudeln, große Holzperlen etc.) und lassen Sie es diese nach Lust und Laune sortieren oder auch mal in eine Plastikflasche füllen. Mit solchen Spielchen können sich Kinder in dem Alter lange beschäftigen. Behalten Sie es aber bitte dabei im Auge.
12. Monat	Mit dem Löffel versucht Ihr Kind nun, eigenständig zu essen. Wählen Sie das Essen mit Bedacht aus, Suppen sind weniger geeignet als festere Pürees. Außerdem kann Ihr Kind mit seinen Händen stapeln, seien es Bauklötze, Schachteln o. Ä.

EXPERTENTIPP !

Das Neugeborene kann noch nicht bewusst greifen. Der Greifreflex verursacht, dass die Händchen sich automatisch schließen, wenn etwas die Handinnenflächen berührt. Die Feinmotorik entwickelt sich erst ab dem achten Lebensmonat. Gerade jetzt sollten Sie alle kleinen Gegenstände, die das Baby greifen und sich in den Mund stecken kann, in Sicherheit bringen.

Das Baby wird mobil

„Nein, gekrabbelt ist unser Kind nicht, es ist direkt losgelaufen."

In der heutigen Zeit ist es nicht ungewöhnlich, dass Eltern über ihr Kind sagen, es wolle nicht krabbeln. Auch von sich selber berichten viele, sie seien als Kind nicht gekrabbelt. Kinderärzte, die danach gefragt werden, finden ein Überspringen des Krabbelns nicht beunruhigend. Dennoch ist das Krabbeln ein wichtiger Schritt bei der Entwicklung des Babys. Die Natur hätte das Krabbeln nicht erfunden, wenn es überflüssig wäre.

Krabbeln ist wichtig für das Erlernen von Überkreuzbewegungen (gleichzeitiges Bewegen von gegenüberliegendem Arm und Bein). Dabei finden wichtige Verknüpfungen zwischen der rechten und linken Gehirnhälfte statt. Das Krabbeln ist ein Meilenstein in der Koordinationsentwicklung. Dennoch stellt sich die Frage, warum so viele Babys nicht krabbeln wollen.

In der kindlichen Entwicklung bauen die einzelnen Bewegungsschritte aufeinander auf. Liegt das Neugeborene viel auf dem Rücken und entdeckt bald seine Hände und Füße, kann es sich meist mit einem halben Jahr schon drehen. Zuerst aus der Rückenlage auf die Seite und auf den Bauch, später auch anders herum.

In der Bauchlage lernt es, seinen Kopf zu heben und sich Stück für Stück immer weiter aufzurichten.

Mit ca. neun bis zehn Monaten hat sich das Kind in den Vierfüßlerstand vorgearbeitet und beginnt von dort aus zu krabbeln.

> **EXPERTENTIPP** !
>
> Wenn Ihr Baby auf dem Bauch liegt und sein Köpfchen hält, stüt-
> zen Sie es mit einer Hand am Po. So kann es sein Köpfchen länger
> halten und die Muskeln werden gut trainiert. Eine weitere Mög-
> lichkeit zum Trainieren der Muskelkontrolle Ihres Babys ist das
> Tragen im Tragesystem/-tuch.

Die Muskulatur baut sich langsam auf, um jeden folgenden Entwicklungsschritt leisten zu können. Nach und nach kräftigen sich die
Bauch- und Rückenmuskulatur, was sehr wichtig für das spätere auf-
rechte Gehen ist.

Nach dem Krabbeln und Sitzen folgt als nächster Entwicklungsschritt
das Hochziehen. Mit ca. zehn bis elf Monaten zieht sich das Kind
zuerst auf die Knie und danach vollständig hoch. Aus dem Stehen entwickelt sich dann das seitliche Gehen an Gegenständen entlang (Tisch,
Sofa etc.). Mit ca. zwölf bis 18 Monaten folgt dann das freie Gehen.

Die Entwicklung des Babys von der Rückenlage bis in den Stand und
von dort aus zum Laufen, ist ein langwieriger Prozess. Jedes Kind hat
dabei sein eigenes Tempo. Manche Kinder sind schneller, andere langsamer. Neugierde ist der Antrieb der stetigen Weiterentwicklung. Das
Baby muss selbst Erfahrungen machen und selber Dinge erreichen. Es
soll sich anstrengen und, wenn es etwas Neues erreicht hat, von Ihnen
mit einem Lächeln belohnt werden.

Besonders wichtig ist es, dass Sie Ihrem Kind bei seiner Entwicklung Zeit lassen! Viele Eltern machen den Fehler, ihrem Kind Ent-

wicklungsschritte abzunehmen, etwa durch zu frühes Hinsetzen oder indem sie es an den Fingern hochziehen. Sie stehlen ihrem Kind damit die Motivation, aktiv in eine nächsthöhere Position zu gelangen, um Neues zu erreichen und zu entdecken. So wird Ihr Kind um seine Erfolgserlebnisse gebracht, wenn es stolz in eine neue Position gelangt ist und dort Neues entdecken kann. Kinder wollen krabbeln, um die Welt in ihrem Tempo und auf eigene Faust zu entdecken. Die Welt kann so spannend sein, wenn Ihr Kind sie selbst und aus eigenem Antrieb entdecken darf. Also lassen Sie sich und Ihrem Kind Zeit!

Gleiches gilt für das Hinsetzen. Wenn Sie Ihr Kind zu früh hinsetzen, ohne dass es selbst diese Position erreicht hat, hat das fatale Folgen für den Bewegungsapparat des Babys mit seinen Knochen und Muskeln. Die natürliche Bewegungsentwicklung wird unterbrochen. Die Reifephase der Muskulatur und der Wirbelsäule ist noch nicht abgeschlossen. Das heißt, Bauch-, Rücken- und seitliche Rumpfmuskulatur sind noch nicht kräftig genug, um den Körper im Sitzen zu halten. Die Wirbelsäule ist völlig überfordert. Das kann zu Fehlhaltungen führen, die in der weiteren körperlichen Entwicklung bestehen bleiben.

Die Tatsache, dass die Muskulatur für das Sitzen noch nicht richtig ausgebildet ist, verhindert die Entwicklung zum Krabbeln.

Ihr Kind hat noch keinen Bezug zu der Höhe, aus der es hinabblicken kann, wenn Sie es zu früh aufsetzen (von alleine wäre es ja da noch gar nicht). Es kommt aus dem Sitz nicht in das Krabbeln und verweilt passiv im Sitz. Von dort aus kann es nicht agieren, kann keine Gegenstände erreichen. Das ist für ein Kind ziemlich frustrierend. Möglicherweise versucht es sich zu helfen, indem es zum „Porutscher" wird. Dazu bewegt es sich mit Po und Beinen fort.

Auch wenn ein Kind von seinen Eltern zu früh hingestellt wird, kann das schwerwiegende Folgen für die Haltung haben: Die Beine sind noch nicht stabil genug, um das Gewicht zu halten, und können sich verformen. Die Wirbelsäule ist noch nicht kräftig genug, um den Rumpf zu halten. Haltungsschäden sind vorprogrammiert. Weiterhin entstehen Probleme mit Gleichgewicht und Koordination, da diese noch nicht für die stehende Position ausgereift genug sind.

Ein anderes Problem sind Hilfsmittel, in denen Babys aufbewahrt werden – Autositz, Babyschale, Babywippe, um nur einige zu nennen. Am Allerschlimmsten sind sogenannte Gehhilfen (auch „Gehfrei" genannt). Diese stellen zusätzlich zu den entstehenden Haltungsschäden auch noch eine hohe Unfallgefahr dar. Auf gar keinen Fall sollten Kindern in diesen „Aufbewahrungsmöglichkeiten" zu lange gelagert werden. In der Regel sind die meisten dieser Gegenstände eine Katastrophe für die Wirbelsäule.

Legen Sie Ihr Kind auf eine flache, feste Unterlage, damit es sich frei bewegen und seine Muskulatur sich entwickeln kann. Stellen Sie es nicht zu früh hin und halten Sie es auch nicht an den ausgestreckten Armen, um das Laufen zu forcieren. Wird das Kind passiv in eine höhere Position gebracht, weiß es nicht, wie es wieder zurückkommen kann. Und schon gar nicht weiß es, wie es beim nächsten Mal alleine wieder in diese Position kommt. Außerdem lässt die Motivation nach, alleine die nächst höhere Position zu erreichen, da es die Erfahrung macht, dass es ja sowieso ohne eigene Mühe in die Position gebracht wird. Das trägt nicht gerade zu einer Entwicklung der Selbstwahrnehmung und des Selbstbewusstseins bei und führt ebenso wenig zu den so wichtigen Erfolgserlebnissen.

Lassen Sie Ihrem Kind die Zeit, die es braucht, um sich zu entwickeln.

Sollte Ihr Kind in einem Bewegungsmuster „stecken bleiben" und nicht von alleine in den nächsten Entwicklungsschritt kommen, können Sie es in der aktiven Entwicklung unterstützen. Es gibt einfache

Mittel, um die Körperwahrnehmung, das Gleichgewicht, die Motorik und die Koordination zu fördern, und spielerische Möglichkeiten, Bewegungsabläufe zu üben. Sie können z. B. über die Haut die motorische Entwicklung anregen mit:

- einer Massage mit dem Frotteetuch nach dem Baden,
- Fingerstrichen auf dem Rücken,
- „Fahrradfahren" mit den Beinen in Rückenlage,
- Fingerspielen,
- Babymassage.

Für Kinder ab etwa 18 Monaten gibt es lustige Hüpfspiele zur Förderung von Muskulatur, Stabilität, Kraft und Koordination:

Flohhüpfer: Zeigen Sie Ihrem Kind, wie es auf einem Kissen, einer Matratze o. Ä. auf allen vieren wie ein Floh (oder Frosch) hüpfen kann.

Pferderennen: Hierzu braucht man für jedes Kind ein Hüpftier. Nach einem Startschuss hüpfen die Kinder um die Wette, eine festgelegte Strecke bis zum Ziel. Dabei können sie noch Hindernisse umlaufen oder kleine Hindernisse überspringen (z. B. Besenstiel auf dem Boden).

Das Denken setzt ein

Von Geburt an ist Ihr Kind neugierig und möchte Dinge verstehen und an allem teilhaben. Es setzt all seine Sinne ein, um möglichst viel wahrnehmen zu können. Es begreift und überprüft Zusammenhänge und verarbeitet seine Eindrücke und Vorstellungen.

Hier ein paar Kriterien, nach denen Säuglinge an Eindrücke herangehen:
- Kenne ich das schon?
- Signalisiert es etwas Wichtiges? Bekomme ich z. B. jetzt etwas zu essen?

- Ist es angenehm oder unangenehm?
- Hängt es mit meinem eigenen Verhalten zusammen?
- Kann ich es durch mein Verhalten erneut hervorrufen?

Entwicklungsschritte des Denkens

Alter	Entwicklungsschritte
0 – 8 Monate	Es existiert nur das, was Ihr Kind sehen und erleben kann. Wenn Sie sich z. B. unter einer Decke verstecken, sind Sie für das Kind weg. Es ist noch nicht in der Lage, diese Zusammenhänge zu verstehen.
8 – 9 Monate	Ihr Kind begreift langsam, dass Dinge nicht „weg" sind, nur wenn es diese nicht mehr sieht. In dieser Zeit spielen Kinder gerne stundenlang mit Hingabe „Guck-guck".
ab dem 8. Monat	Ihr Kind beginnt einfache Zusammenhänge zu erkennen. Zum Beispiel merkt es, dass die Rassel Geräusche macht, wenn es sie hin- und herbewegt. Sie werden Ihr Kind dabei beobachten können, wie es manche Dinge immer wiederholt (z. B. an der Spieluhr ziehen), weil es sich daran erfreut, diesen Zusammenhang entdeckt zu haben. Diese Fähigkeit entwickelt sich in den nächsten Monaten und Jahren immer weiter, bis das Kind irgendwann in der Lage ist, komplexe Zusammenhänge zu erschließen.

ZEIT FÜR NEUES

Lassen Sie Ihr Kind ständig Neues entdecken und geben Sie ihm auch die Möglichkeit, jeden Gegenstand auf seine Beschaffenheit und Funktion zu untersuchen. Je intensiver Ihr Kind sich damit auseinandersetzt, desto leichter wird es ihm fallen, das „Erlernte" später auf andere Dinge zu übertragen.

Beispiel: Ihr Kind hat ein Holzauto mit beweglichen Rädern. Die erste Zeit wird es sich wahrscheinlich nur mit der Beschaffenheit des Autos auseinandersetzen, irgendwann aber feststellen, dass das Auto mit den Rädern rollen kann. Wenn es später ein anderes Auto sieht, wird es das Erlernte – nämlich dass das Auto rollen kann – auf das andere Exemplar übertragen und direkt ausprobieren, ob dieses auch rollen kann.

Die sprachliche Entwicklung

Hier finden Sie einen schnellen Überblick über die Sprachentwicklung von Kindern. Beachten Sie jedoch, dass diese zeitliche Reihenfolge nicht zwingend stimmen muss. Diese Übersicht dient nur als Anhaltspunkt für Sie. Wenn Sie Bedenken haben, dass mit der Sprachentwicklung Ihres Kindes etwas nicht stimmen könnte, sprechen Sie Ihren Kinderarzt an.

Die Entwicklung der Sprache

Alter	Entwicklungsschritte
6. bis 8. Woche	erste Lautäußerungen, z. B. Gurren
6. bis 9. Monat	Lallen, z. B. „dada, gaga"
6. bis 12. Monat	Säuglinge bevorzugen ihre Muttersprache gegenüber anderen Sprachen und erkennen Wörter, das muttersprachliche Lautinventar wird im Gedächtnis gespeichert.
10. bis 14. Monat	Diese Phase kann bis zum zweiten Lebensjahr variieren. Erste Wörter werden gesprochen, z. B. „Mama, Papa"; Nachahmung der häufig gesprochenen Wörter der Bezugspersonen.
ca. 24. Monat	Wortschatz von 50 Wörtern – sollte der nicht vorhanden sein, besteht ein erhöhtes Risiko für Sprachentwicklungsstörungen; leicht verzögerte Nachahmung.
ca. 30. Monat	Wortschatz von mehreren 100 Wörtern; Nachahmung in Verbindung mit Fragen.

In den ersten beiden Lebensjahren machen Kinder eine rasante Entwicklung durch. Das gilt nicht nur für die Sprache. Sie ist aber das Produkt einer Vielzahl von Faktoren. Dazu gehören Bewegung, Motorik, Hören, Sehen, Tasten, Schreien, Lallen, die geistige Entwicklung, die Hirnreifung und natürlich auch die Bindungen und Beziehungen des Kindes. Damit Sprache sich frei entfalten kann, ist es wichtig, dem Kind die Möglichkeit zu geben, alle Erfahrungen selbstständig machen zu können.

Das Hören und die motorische Entwicklung finden bereits im Mutterleib statt. Wenn Ihr Neugeborenes auf die Welt kommt, warten alle sehnlichst auf den Geburtsschrei. Das ist die erste kommunikative Begegnung mit Ihrem Kind. Sie antworten ihm, sobald Sie es auf Ihrer Haut spüren, mit Nähe und Wärme. Innerhalb der ersten drei Lebensmonate bemerken Sie, dass Ihr Kind reagiert, wenn es etwas Lautes hört, z. B. indem es lacht oder weint. Es lässt sich durch vertraute Stimmen beruhigen, gurrt und gluckst und probiert erst einmal aus, was es mit der Zunge, den Lippen und der Stimme an Lauten erzeugen kann.

Bis zum sechsten Lebensmonat sucht es die Ursache für laute Geräusche und wendet sich der Geräuschquelle zu. Es wacht auf, wenn Sie laut neben ihm sprechen, und bei ärgerlichen Stimmen wird es ängstlich. Am liebsten beschäftigt es sich mit Spielzeugen oder Alltagsgegenständen, die Geräusche erzeugen. Ihr Kind reagiert, wenn Sie es ansprechen, und lallt verschiedene Laute oder mehrere Laute zusammen. Es lässt Sie seine Stimme hören.

Etwa ab einem halben Jahr reagiert es bei einer ruhigen Stimme auf seinen Namen und achtet auf Gegenstände oder Bilder, wenn sich jemand darüber unterhält. Bei Aufforderungen, wie z. B. „Halt!" oder „Nein!", unterbricht Ihr Kind in aller Regel sein Tun. Etwa ab dem achten oder neunten Lebensmonat beginnt es Silbenketten zu bilden, z. B. „da da da" oder „ga ga ga". Etwa um das erste Lebensjahr spricht es dann bereits seine ersten Wörter. Meistens sagt das Kind „Mama" (auch „Mamam") oder „Papa" („Papap"). Seien Sie nicht enttäuscht, wenn es sein Lieblingsspielzeug, den „Ball" (auch „Ba") oder etwas anderes zuerst auswählt.

Sprache – dieses Wort steht nicht nur für alles, was wir sprechen. Es meint auch, dass wir verstehen, wovon gesprochen wird. Wenn Ihr Kind „Ball" sagt, weil es damit spielen möchte, obwohl dieser nicht in Sichtweite ist, hat es sogar schon eine Vorstellung davon, was es Ihnen sagen möchte. Im ersten Lebensjahr lauscht Ihr Baby gespannt Ihrer Stimme und hört eifrig zu, wenn Sie Gegenstände benennen. Es lernt, dass Dinge einen Namen haben und dass dieser Gegenstand immer wieder von Ihnen so benannt wird. Es lernt auch, dass wir über Dinge sprechen können, die im Moment nicht da sind, z. B. ist der Papa bei der Arbeit oder der Ball hinter der Couch.

Im ersten Lebensjahr sammelt Ihr Kind alle Informationen aus der Umwelt und speichert diese, wie einen kleinen Schatz, in seinem Gehirn ab. Bis es dann etwa achtzehn Monate alt ist, spricht es wesentlich mehr Wörter. „Nane", „Tu", „Bot" für Banane, Schuh oder Brot – Ihr Kind lernt immer neue Laute, die es jedoch noch nicht alle sprechen kann. Das Kind versteht viel mehr, als es selbst sagen kann. Mit dem zweiten Lebensjahr spricht es sehr viele Wörter und kann sich umfangreich mitteilen. Auch Zweiwortsätze sind jetzt kein Problem mehr, z. B. „Auto da", „Puppe weg". Einfache Aufforderungen wie „Hol die Puppe" kann Ihr Kind schon ausführen. Es beginnt Fragen zu stellen, z. B. „Papa weg?", oder es sagt Ihnen, was es nicht möchte.

Sprachbildung durch die Eltern

Gerade in den ersten Lebensjahren werden die Weichen für die weitere Sprachentwicklung gestellt. Das Kind braucht Menschen, die mit ihm sprechen. Deshalb können Sie als Eltern ihm die Sprache am besten nahebringen, wenn Sie schon früh viel mit ihm sprechen. Ihr Kind kennt Ihre Stimme bereits aus dem Mutterleib. Sie ist ihm vertraut. Ihr Kind liebt Ihre Stimme! Sorgen Sie dafür, dass es sie möglichst oft hört, das fördert die Sprechfreude ungemein. Sicherlich müssen Sie auch mal laut werden und schimpfen, das gehört zu einem Erziehungsalltag einfach dazu. Aber der sprachliche Grundton sollte nett, freundlich und harmonisch sein.

Die folgenden sprachfördernden Methoden sind einfach, und viele Eltern und andere Bezugspersonen setzen sie intuitiv ein.

Blickkontakt: Der Blickkontakt ist für die Sprachentwicklung eines Kindes ganz entscheidend. Schauen Sie Ihr Kind beim Sprechen freundlich an. Es macht so die Erfahrung: „Ich bin wichtig. Das, was ich mache – lallen, babbeln, sprechen –, ist wichtig, es hat positive Konsequenzen. Wenn ich ‚spreche', sehe ich ein freundliches Gesicht. Das fühlt sich gut an. Deswegen ‚spreche' ich in Zukunft noch mehr."

Abwarten: Wohin geht der Blick Ihres Kindes? Welche Initiative zeigt es? Warten Sie immer wieder ab, woran es gerade interessiert ist. Drücken Sie ihm nicht gleich das nächste Spielzeug in die Hand, wenn es das erste fallengelassen hat. Wenn Sie seinem Blick folgen und auf sein Interesse eingehen, ist es ganz aufnahmebereit für Ihre sprachlichen Äußerungen.

„Turn-Taking" – abwechselndes Reden: Lassen Sie Ihr Kind auch reagieren! Wenn Sie es mit Sprache überrennen, dann kann im schlimmsten Fall die eigene Sprachproduktion ausbleiben. Da Kinder im Normalfall durch Wiederholungen lernen, ist die eigene Sprachproduktion extrem wichtig, um Satzbau, Aussprache und Wortschatz zu üben. Ebenso ist das Prinzip des „Turn-Taking", also des abwechselnd Redens, so gut zu entwickeln. Dies gilt schon beim Brabbeln in der Zeit von sechs bis zwölf Monaten. Brabbeln Sie ruhig ab und zu mit Ihrem Kind einfach nur so zum Spaß. Wenn es stoppt, brabbeln Sie. Wenn Sie wieder aufhören, dann legt Ihr Kind los. So lernt es früh die wichtige Regel, sich ausreden zu lassen und zuzuhören.

Wiederholungen: Damit Ihr Kind neue Wörter und damit Sprache erwerben kann, braucht es Wiederholungen. Wiederholen Sie wichtige Wörter, zum Beispiel: „Da ist ein Teddy. Das ist ein schöner Teddy. Möchtest du den Teddy haben? Hier hast du den Teddy."

Handlungsbegleitendes Sprechen: Begleiten Sie die Handlungen Ihres Babys und auch Ihre eigenen sprachlich. Sagen Sie, was Ihr Kind oder Sie gerade machen. Ob beim An- oder Ausziehen, beim Windelwechseln, beim Kochen, beim Spielen – fast jede Handlung lässt sich sprachlich begleiten, z. B. „Ich creme dein Gesicht ein, die Nase, das Kinn ..." oder „Ich hole Teller aus dem Schrank und decke den Tisch." Sie können die Umgebung, Ereignisse und Gefühle erklären (z. B. „Da vorne hüpft ein kleiner Vogel vom Baum auf die Wiese" oder „Der Müllmann leert die Mülltonne" oder „Ich habe dich lieb"). Je nach Interesse Ihres Kindes können Sie differenzierte Bezeichnungen vermitteln, z. B. verschiedene Schneckentypen, Automarken, Blumensorten ... Und Sie können Farben und andere Attribute hinzunehmen. Zumeist zeigt Ihr Kind nach wenigen Monaten bereits, wofür es sich interessiert, und auch neue Interessen können so von Ihnen geweckt werden.

Babysprache – besser nicht!

Wenn Babys auf die Welt kommen, verfallen viele Eltern, Verwandte und Bekannte in die sogenannte Babysprache. Die hört sich zwar niedlich an. Für die Sprachentwicklung des Kindes ist sie jedoch nicht förderlich – ganz im Gegenteil, sie wirkt sich negativ auf die Sprachentwicklung aus, da die Kinder die falschen Wörter lernen.

Babys werden mit einem Gehirn geboren, das sprachliche Laute und unterschiedliche Worte bereits erkennen kann, wenn sie zur Welt kommen. Sie lernen durch Üben ebenso viel über sprachliche Laute wie durch Hören. Und Üben bedeutet für Babys zunächst einmal Lallen. Das erfüllt die Funktion, wichtige gymnastische Abläufe des Sprechens einzuüben. Damit beginnen sie etwa im Alter von zwei Monaten. Lange Melodien von „Ooooooh" und „Aaaaaah" werden etwa im Alter von fünf Monaten von dem Baby um Konsonanten erweitert, wie zum Beispiel „babababa" oder „mamamama" usw. Das

Lallen wird zum Ende des ersten Lebensjahres komplexer und geht ins Lautieren über. Wie sich das kindliche Lallen im ersten Jahr entwickelt, ist von Lernerfahrungen abhängig.

Um seinen ersten Geburtstag herum wird Ihr Kind wahrscheinlich die ersten Wörter sprechen. Spätestens dann ist es wichtig, dass Sie die korrekten Begriffe benutzen. Wie kann Ihr Kind sonst verstehen dass „Lullu" eigentlich „Schnuller" heißen soll, wenn Sie auch immer nur vom „Lullu" sprechen, weil Sie vielleicht das neu erfundene Wort ganz lustig finden?

Sprechen Sie in dieser wichtigen Phase der Sprachentwicklung viel mit Ihrem Kind und lesen Sie ganz viel vor, achten Sie dabei auf eine deutliche Aussprache, denn Ihre Fehler wird Ihr Kind sonst später wahrscheinlich übernehmen.

EXPERTENTIPP

Wenn Ihr Kind trotzdem später ein falsches Wort benutzt, versuchen Sie es ihm richtig zu erklären, am besten in ganzen Sätzen. Wenn es zum Beispiel „Lullu her" sagt, könnten Sie darauf mit einer Frage antworten, in denen der richtige Begriff den falschen ersetzt. Ein Beispiel: „Soll ich dir den Schnuller geben?" Dadurch merkt Ihr Kind, dass Sie verstehen, was es möchte, lernt aber auch den richtigen Begriff kennen.

Tipps für Zweisprachigkeit

Kinder sind schon ganz früh in der Lage, sich an unterschiedliche Sprachen zu gewöhnen. Wenn sie von Beginn an mehrsprachig aufwachsen, haben sie es später in der Schule in der Regel leichter, eine weitere Sprache zu erlernen.

Das ist wichtig, wenn Sie Ihr Kind mehrsprachig erziehen wollen:

- Fangen Sie direkt nach der Geburt damit an. Auch wenn Ihr Säugling noch nicht versteht, was Sie sagen, fängt er an, sich an die Sprache und deren Klang zu gewöhnen.
- Teilen Sie die Sprachen untereinander auf und sprechen Sie Ihr Baby dann nur noch in dieser Sprache an. Wenn Sie ständig die Sprache wechseln, verwirrt das Ihr Kind und es wird Schwierigkeiten haben, die Sprachen auseinanderzuhalten.
- Hören Sie Musik in beiden Sprachen und singen Sie gemeinsam Lieder. Musik prägt sich manchmal besser bei Kindern ein.
- Stellen Sie sich darauf ein, dass Ihr Kind wahrscheinlich erst etwas später mit dem Sprechen anfängt. Es wird zwar früh anfangen, die einzelnen Sprachen zu verstehen und z. B. auf Aufforderungen reagieren. Jedoch benötigt es bei der Umsetzung vom Hören zum Sprechen eventuell etwas länger. Verständlich, schließlich wird Ihr Kind leicht mit doppelt so vielen Wörtern konfrontiert.

Auch wenn Ihr Kind schon anfängt, in beiden Sprachen zu sprechen, sprechen Sie weiter in beiden Sprachen, damit es nicht aus der Übung kommt.

Vorlesen, spielen und singen

Eine hervorragende sprachbildende Methode ist die Bilderbuchbetrachtung. Aber Babys wollen nicht ewig still sitzen, sondern lieben aktives Vorlesen. Also solches, bei dem sie selbst richtig mitmachen dürfen – zeigen, umblättern, selbst spannende Seiten heraussuchen, mal hineinbeißen, daran herumkauen, aber auch antworten und viel lachen. Besonders stolz sind Kinder, wenn die Eltern einfache Fragen stellen, die sie bereits mit Zeigen, Babyzeichen oder gar Wörtern richtig beantworten können. Das motiviert und bringt noch mehr Begeisterung ins Spiel.

Deshalb finden sie am meisten Gefallen an Büchern zu Themen aus ihrer kleinen Welt – Tiere, Dinge aus dem Alltag, Fahrzeuge, andere kleine Leute ... Wenn wir beim Vorlesen dann noch etwas Quatsch machen, unsere Stimme verstellen, kräftig Geräusche produzieren (Tierlaute oder lustige wie „Bumm", „Peng", „Kabautz!"), dann wird unser Bücherstündchen zu einem wirklichen Erlebnis.

TIPPS ZUM VORLESEN MIT DEN KLEINSTEN

- Suchen Sie sich ein ruhiges Plätzchen, wo weder Fernseher noch Telefon oder Besuch stören.
- Kuscheln Sie zusammen und lassen Sie Ihr Kind ein Buch auswählen.
- Kinderbücher sollten im Regal möglichst weit unten stehen, sodass Ihr Kind sie jederzeit selbst herausangeln kann.
- Machen Sie ein schönes Ritual daraus: Jeden Tag zweimal ein festes Viertelstündchen Bücher anschauen ist ideal – am besten einmal am Vormittag und einmal am Abend.
- Lassen Sie Ihr Kleines die Seiten umblättern und auch Seiten überspringen, nicht jede Seite muss angeschaut werden. Es darf entscheiden, was ihm gefällt und sein Interesse weckt.
- Stellen Sie einen Bezug her zwischen den Bildern und den Dingen, die Ihr Baby bereits kennt (ein Hund im Buch – der sieht so aus wie unser Hund).
- Am Anfang reichen reine Bilderbücher. Später eignen sich kurze Reime zum ersten Vorlesen.
- Babys lieben alles, was ihnen vertraut ist. Deshalb lesen sie am liebsten immer die gleichen Bücher. Wenn sie etwas wiedererkennen, freuen sie sich riesig. Machen Sie sich also auf viele Wiederholungen gefasst und suchen Sie Bücher aus, die Ihnen auch gefallen. Ab und zu darf ein neues Buch eingeschoben werden, das vielleicht auch bald zum Lieblingsbuch wird.
- Widmen Sie sich nur so lange einem Buch, solange auch das Baby aufmerksam und konzentriert ist. Wird es unruhig, spielen Sie lieber etwas anderes.

Positiv für den Spracherwerb wirken auch alle Kose- und Kniereiterspiele, Fingerspiele.

Singen und musizieren Sie mit Ihrem Kind! Es gibt für jeden Geschmack Kinderlieder, die Babys beruhigen und anregen. Hierbei spielt es keine Rolle, jeden Ton richtig zu treffen. Viel wichtiger sind die Wahrnehmung einer vertrauten Stimme und der Spaß beim Singen. Viele Kinder hören sich sehr gerne Kinderlieder auf CDs an und sind ebenso zugänglich für andere Musikrichtungen. Unser Sohn mochte sehr gerne Schlager und die „Toten Hosen". Ein monatelanger Hit war unsere freie Interpretation „Eine neue Windel ist wie ein neues Leben" nach dem Schlager „Eine neue Liebe ist wie ein neues Leben". Hiermit vergaß er zudem seine Widerstände beim Windelwechseln, und in der Kita breitete sich der Hit auch rasant aus.

> **EXPERTENTIPP**
>
> Eine liebevolle sprachliche Förderung ist ohne großen Aufwand in jeder Alltagssituation einfach umzusetzen. Kinder können Sprache nur lernen, wenn auch mit ihnen gesprochen wird. Für sie ist alles neu und interessant. Erwachsene sollten sich darauf einlassen, Selbstverständlichkeiten wieder bewusst wahrzunehmen und auch zu benennen. Das macht Ihnen und Ihrem Kind Spaß!

Verzögerte Sprachentwicklung

Viele Kinderärzte haben keine Zusatzausbildung im Bereich Sprachentwicklung. Es kann vorkommen, dass Sie bei Sprachverzögerungen den Satz hören: „Das verwächst sich noch." In Sachen Sprachentwicklung kann dies leider falsch sein. Falls Sie sich unsicher sind, bitten Sie Ihren Kinderarzt um eine Diagnostikverordnung und suchen Sie einen Logopäden oder Facharzt auf.

Eine der häufigsten Ursachen für eine Verzögerung oder sogar ein Steckenbleiben im Spracherwerb in den frühen Jahren ist schlechtes Hören durch Wasser in den Ohren. Sollten Sie feststellen, dass Ihr Kind sprachverzögert ist und Sie es nur mit Schreien erreichen, sollten Sie Ihren Kinderarzt darauf ansprechen und ggf. zu einem Hals-Nasen-Ohren-Arzt gehen. Diese Ursache kann unkompliziert beseitigt werden, und Ihr Kind wird schnell Fortschritte machen.

Die Entwicklung des Sehens

Die Entwicklung des Sehens ist für viele andere Entwicklungsbereiche sehr wichtig, denn was ein Kind sieht, nach dem kann es auch greifen und das kann es genauestens erkunden, mit den Händen, aber auch mit den Augen.

Wenn Sie bei Säuglingen das Gefühl haben, dass sie Ihnen direkt in die Augen schauen, stimmt das meist noch gar nicht. Sie drehen meist ihr Gesicht in die Richtung, aus der ein Geräusch kommt.

Die folgende Tabelle gibt Ihnen einen Überblick darüber, wie und zu welchen Zeiten sich das Sehen verändert.

Die Entwicklungsschritte des Sehens

Alter	Entwicklungsschritte
1. Monat	Die Sehschärfe ist noch sehr gering. Hell und Dunkel können voneinander unterschieden werden. Die Umgebung wird nur schemenhaft wahrgenommen. Nur im Bereich 20 – 25 cm vor dem Gesicht können Babys scharf sehen.
2. Monat	Ihr Säugling kann kurzzeitig den Blick auf etwas richten. Oft passiert es, dass Säuglinge in diesem Alter schielen, da die Kontrolle über die Augen noch nicht sehr stark ausgeprägt ist. Gegenstände, die sich im Bereich 20 – 25 cm vor dem Gesicht befinden, können kurzzeitig auch verfolgt werden.

Alter	Entwicklungsschritte
3. und 4. Monat	Die Augenbewegungen werden immer kontrollierter. Scharfe Kontraste sind sehr interessant, aber am schönsten findet Ihr Baby in diesem Alter Gesichter.
5. Monat	Das räumliche Sehen beginnt, und Ihr Säugling kann somit erkennen, ob ein Gegenstand nah oder weiter entfernt ist. Außerdem entwickelt sich das Farbsehen. Der Säugling ist jetzt stark an seiner Umwelt interessiert und beobachtet die Vögel auf dem Baum, den Hund auf der Wiese und alles andere, was es sonst noch zu entdecken gibt.
12. Monat	Alle Funktionen des visuellen Sehens sind nun ausgebildet. Ihr Kind kann inzwischen gut abschätzen, ob Gegenstände weit entfernt oder nah sind, und zeigt in die richtige Richtung. Es hat weiterhin Spaß, die Welt mit den Augen zu entdecken, dieses ständige Training ist auch wichtig, damit Ihr Kind irgendwann die volle Sehstärke erreichen kann.

Die Entwicklung des Hörens

Der Gehörsinn bildet sich im zweiten und dritten Lebensmonat Ihres Kindes aus. Ihr Baby wird anfangen, seinen Kopf Geräuschen zuzuwenden. Plötzliche laute Töne können aber immer noch eine Schreckreaktion auslösen, dies ist Säuglingen so angeboren.

Das Hören ist für die sprachliche Entwicklung ganz wichtig. Schon im Mutterleib entwickelt sich der Hörsinn und Ihr Kind kann Geräusche auch außerhalb des Mutterleibes wahrnehmen. Nach der Geburt sind alle Funktionen des Ohres komplett ausgereift. Trotzdem unterscheidet sich das kindliche Hören noch von dem Hören eines Erwachsenen.

In den ersten drei Lebensjahren bildet sich die Hörfähigkeit Ihres Kindes durch äußere Hörreize, denen es jeden Tag ausgesetzt ist, aus. In diesen Jahren lernt das Gehirn die Hörinformationen zu verfeinern, zu verschärfen und sinnvoll zu deuten.

Wichtig: Auf lautes Spielzeug sollten Sie im Kinderzimmer besser verzichten. Eine dauerhafte Hörbelastung wirkt sich schädigend auf die Entwicklung des Hörens Ihres Kindes aus.

Entwicklungsverzögerungen? Gelassen bleiben!

Ratgeber und Experten definieren gerne bestimmte Zeitpunkte, zu denen ein Säugling oder Kleinkind dies oder jenes können sollte. Dies suggeriert den Eltern, dass mit ihrem Kind etwas nicht stimmt, wenn es von diesen Normen abweicht.

Ein Beispiel aus eigener Erfahrung: Unser Sohn lag in der PEKiP-Stunde glücklich nackt auf der Babydecke und strahlte einen Ball an, der über ihm schwebte. Während er dies tat, ohne sich weiter zu bewegen, jonglierte das Baby neben uns seinen Ball zirkusverdächtig mit Händen und Füßen. Die Frage der PEKiP-Leiterin, ob unser Sohn sich häufig so verhalte, trug zur Besorgnis um den vermeintlichen motorischen Entwicklungsrückstand unseres Kindes bei. Schließlich verschrieb der Kinderarzt Krankengymnastik. Allerdings mit dem Hinweis, dass dies eher der Nervenberuhigung der Mutter diene als aus Sorge um das Kind geschehe. Unser Sohn war in der Krankengymnastik immer sehr gestresst und weinte viel. Es zeigte sich, dass er die Bewegungen, mit denen er bei der Krankengymnastik „gequält" wurde, grundsätzlich einige Monate später als statistisch erwartet ausführte. Als wir ihn von der Physiotherapie abmeldeten, hatten wir ein schlechtes Gewissen: Die Kinderkrankengymnastin sprach tatsächlich von „unterlassener Hilfeleistung" (!). Es erwies sich aber als ein für alle Beteiligten (außer der Krankengymnastin) richtiger Schritt. Unser Sohn ist mittlerweile acht Jahre alt, er ist sportlich und hat enormen Spaß an Bewegung.

Kinder entwickeln sich unterschiedlich, in ihrem eigenen Tempo, und wir Erwachsenen und Eltern sollten nicht wegen jeder Abweichung von der statistischen Norm gleich in Panik geraten. Kleine Kinder müssen in den allerersten Lebensjahren so unglaublich viele Dinge lernen (motorisch, sprachlich, sozial, emotional …), dass es auch statistisch gesehen eher normal als unnormal ist, wenn es auf dem einen oder anderen Teilgebiet zu einer Verzögerung im Vergleich zu den Normwerten der Altersgruppe kommt.

Abschließend noch ein ermutigendes Beispiel zum selben Thema: Der erste Kitakumpel unseres Sohnes hatte mit knapp drei Jahren Eigenarten bei der Aussprache. So sagte er anstatt „Ritter" hartnäckig „Litter", was von der einen oder anderen Erzieherin den Eltern gegenüber bereits problematisiert wurde. Die Mutter des Jungen rief daraufhin bei einer Logopädin an und schilderte den Fall. Diese beruhigte die Mutter mit der einfachen, aber genialen Gegenfrage: „Ja, kennen Sie denn einen Erwachsenen, der immer noch „Litter" statt „Ritter" sagt?"

Die 10 besten Tipps für eine gute Entwicklung

1. Kinder brauchen Nähe und Hautkontakt. Nehmen Sie Ihr Baby in den Arm und streicheln Sie es. Sagen Sie Ihm, dass Sie es lieb haben. Kinder fühlen sich dadurch geborgen und entwickeln Vertrauen. Das gilt auch schon für das Neugeborene.
2. Sprechen Sie mit Ihrem Kind. Überfluten Sie es nicht mit Sprache, sondern bleiben Sie bei seinen Interessen. Folgen Sie den Augen, um zu sehen, wofür es sich gerade interessiert. Kommentieren Sie es, wenn Sie mögen, aber erwarten Sie nicht, dass Ihr Kind sofort alles nachspricht.

3. Ihr Kind möchte krabbeln, robben, gehen und stehen. Lassen Sie dabei die Schuhe und Socken aus. Sie können eine Büroklammer auch schlechter mit dicken Handschuhen greifen.

4. Kinder benötigen Ruhezeiten. Schlaf ist wichtig, damit Ihr Kind verarbeiten kann, was es heute alles gesehen, gefühlt und entdeckt hat. Damit das Gehirn reift, benötigt es Schlaf.

5. Es ist egal, ob Sie Ihr Kind stillen oder ihm die Flasche reichen, ob Sie selber kochen oder Gläschen kaufen. Wichtig ist, dass Sie Ihr Kind an unterschiedliche Geschmäcker gewöhnen. Ein neuer Geschmack ist zunächst immer fremd. Zwingen Sie Ihrem Kind nichts auf, aber geben Sie auch nicht gleich auf.

6. Kaufen Sie Ihrem Kind ruhig Spielzeug, jedoch nicht zu viel und nicht zu wenig. Spielzeug kann Geräusche machen, die angenehm klingen, z. B. eine Spieluhr oder ein Ball mit Musik oder Geräuschen. Bewährt hat sich auch Spielzeug zum Anfassen und Lernen, das verschiedene Oberflächen (glatt, geriffelt o. Ä.) hat. Ihr Kind erfährt Spielzeug noch mit Mund, Händen, Augen, Nase, Ohren und sogar Füßen.

7. Sie sind der Experte für Ihr Kind, wenn Sie aber nicht weiter wissen, scheuen Sie sich nicht davor, Hilfe zu suchen oder um Rat zu bitten. Jedes Kind ist einzigartig und gleicht nicht dem anderen. Suchen Sie einen Experten, der Ihnen weiterhelfen kann. In der Regel sind die ersten Ansprechpartner die Hebamme, der Kinderarzt oder die Erzieher/-innen. Haben Sie kein schlechtes Gewissen sich selbst oder dem Kind gegenüber, denn Sie suchen Unterstützung und Rat. Ihr Kind wird es Ihnen danken.

8. Nehmen Sie Ihrem Kind nicht alle Erfahrungen ab und beschützen Sie es nicht unnötig. Sicherlich, der Bereich, in dem sich das Kind aufhält, sollte sicher und geschützt sein (z. B. Steckdosen o. Ä.), jedoch probieren Kinder auch beim Spielzeug die Funktionen selbstständig aus. Wenn es etwas falsch herum hält oder kaputt macht, dann sind das Erfahrungen, die es im Leben auch braucht.

9. Ihr Kind braucht Regeln. Lassen Sie sich nicht alles von Ihrem Kind gefallen. Sagen Sie ihm, was es darf und was nicht. Wichtig ist, dass es Veränderungen in Ihrer Stimme wahrnimmt, die sich aber nur bei verbotenen Dingen äußert. Danach sprechen Sie bitte wie gewohnt mit dem Kind in Ihrer normalen Sprechstimmlage weiter. Denken Sie aber daran, dass es noch nicht alles versteht. Kurze, einfache Sätze mit Wörtern, die das Kind schon kennt, eignen sich am besten für das Verstehen. Es wird seine Grenzen immer wieder austesten, um neue Erfahrungen zu sammeln. Bestrafen Sie Ihr Kind nicht dafür, dass es lernt.

10. Nutzen Sie die Natur. Gehen Sie mit Ihrem Kind spazieren, unabhängig davon, wie das Wetter gerade ist. Es schadet ihm nichts, auch mal im Regen zu spazieren, solange es dem Wetter entsprechend gekleidet ist. Kinder, die schon laufen können, sammeln gern Stöcker und Steine, Blätter und Kastanien. Außerdem ist wohl nichts aufregender für ein Kind, als in Pfützen zu springen.

BABYS ERSTE TAGE ZU HAUSE

Die ersten Tage mit dem neuen Familienmitglied zu Hause gestalten sich meist als Herausforderung. Dinge, die man sich vorher so schön überlegt hat, klappen vielleicht gar nicht, Sie haben das Gefühl, ständig im Stress zu sein, und zweifeln an Ihren eigenen Fähigkeiten. Haben Sie keine Angst, diesen Problemen stehen so ziemlich alle Eltern beim ersten Kind gegenüber. Wir geben Ihnen Tipps, wie Sie sich den Alltag erleichtern können.

Am Allerwichtigsten ist: Akzeptieren Sie, nicht perfekt sein zu können! Kein Mensch erwartet von Ihnen, dass Sie jeden Tag gut gelaunt, gelassen und gestylt Ihr Baby versorgen und nebenbei noch den Haushalt mit Einkaufen, Kochen, Putzen, Wäschewaschen und Bügeln schmeißen. Setzen Sie für sich selber eine Priorität, diese wird wahrscheinlich erst einmal die Versorgung des Säuglings sein. Alles andere geschieht dann, wenn es eben in den Zeitplan passt. Es schadet niemandem, wenn Sie nicht jeden Tag staubsaugen und das feinste Essen kochen! Verteilen Sie die Aufgaben im Haushalt. In dieser Zeit sollten beide Eltern mit anpacken.

Tipps für den Alltag:
- Nehmen Sie Hilfe an! Natürlich möchte man den Eindruck vermitteln, dass man alles allein schaffen kann, aber man zeigt keine Schwäche, wenn man Hilfe von Familie und Freunden annimmt.

Vielleicht wohnen Ihre Eltern in der Nähe und können für Sie mitkochen oder Sie haben jemanden im Freundeskreis, der mal eine Stunde mit Ihrem Säugling spazieren geht, damit Sie etwas erledigen können. Wenn Sie einmal gemerkt haben, wie nützlich es ist, Hilfe anzunehmen, merken Sie meist auch, dass Sie etwas gelassener werden.

- Denken Sie praktisch! Sie müssen nicht immer ins Kinderzimmer zum Wickeln gehen. Deponieren Sie in jedem Raum, in dem Sie sich häufig aufhalten, Wechselkleidung und Wickelsachen. So oft wie Säuglinge gewickelt und umgezogen werden müssen, können Sie sich einige Wege ersparen.
- Sorgen Sie vor! Wenn Sie nicht stillen, kochen Sie abends schon Wasser ab und füllen Sie es in eine Thermoskanne. Dann haben Sie nachts, wenn Ihr Nachwuchs Hunger hat, direkt warmes Wasser parat und müssen ihn nicht unnötig lange schreien lassen.
- Gönnen Sie sich Auszeiten! Wenn Ihr Kind schläft, schlafen Sie auch. Sie müssen in dieser Zeit nicht putzen oder kochen, Sie benötigen diese Auszeiten genauso wie Ihr Kind. Gerade wenn Sie ein Kind haben, das viel schreit, ist es wichtig, sich mal eine Pause zu nehmen. Gehen Sie dann beispielsweise einfach mal alleine spazieren, während jemand anderes auf das Baby aufpasst.

Dies sind nur einige nützliche Tipps zur Erleichterung des Alltags, mit der Zeit werden Sie eigene Strategien entwickeln, wie Sie dem Stress im Alltag ausweichen können.

BABYS ERSTAUSSTATTUNG

Folgende Dinge sollten Sie vor Babys Einzug bei Ihnen zu Hause anschaffen:
- Stubenwagen, Wiege oder Kinderbett
- nicht zu harte Matratze
- wasserdichten Matratzenschoner oder Betteinlage, Bett- oder Spannlaken
- Babyphone
- Moltontücher (40 x 40 cm und 80 x 80 cm)
- Kinderzimmerlicht
- Schlafsack, der Größe Ihres Kindes angepasst; hierbei gilt: Länge des Babys vom Hals bis zum Fuß + 10 cm

Organisation von Kind und Haushalt

Es ist verständlich, dass Sie ungerne im Chaos versinken möchten. Im Haushalt gilt ganz einfach: Organisation ist alles!

Mit ein paar organisatorischen Tipps sollte fast jeder Haushalt trotz kleiner Kinder zu managen sein:
- Planen Sie Ihre Einkäufe, denn wer genau plant, muss nicht ständig in den Supermarkt laufen, weil etwas Wichtiges fehlt. Machen Sie einen großen Wocheneinkauf, überlegen Sie sich vorher, was die Woche über gekocht und gegessen werden soll. So sind Sie in der Lage, eine Menge Zeit einzusparen.
- Kochen Sie große Portionen und frieren Sie das Essen portionsweise ein.
- Wenn Sie staubsaugen oder wischen möchten, dann saugen Sie am besten, wenn Ihr Kind wach ist, und nutzen Sie seine Schlafzeit zum Wischen.

- Gewöhnen Sie Ihr Kind von Anfang an daran, dass Sie diverse Hausarbeiten zu verrichten haben. Bleiben Sie gelassen, wenn es mal zu weinen anfängt, Sie aber z. B. gerade die Spülmaschine ausräumen.
- Sie können manche Arbeiten mit Ihrem Baby im Tragetuch erledigen, dort fühlt es sich meist pudelwohl oder schläft sogar ein. Folgendes funktioniert sehr gut mit Tragetuch: Staub wischen, Essen kochen, Wischen, Aufräumen.
- Wenn Ihr Kind etwas größer ist, kann es Ihnen auch beim Aufräumen und Putzen „helfen" – meist hat es Spaß daran, Ihnen zur Hand zu gehen. Geben Sie ihm einfach einen sauberen Putzlappen, trocken oder leicht befeuchtet, und lassen Sie es z. B. sämtliche Türen damit abwischen.

Sollten Sie trotz der Tipps und eigenen kreativen Ideen das Gefühl haben, den Haushalt nicht bewältigen zu können, überlegen Sie, ob Sie vielleicht einige Dinge abgeben können. So können Sie z. B. jemanden zum Fensterputzen kommen lassen, das ist meist gar nicht so teuer, wie Sie vielleicht denken.

Sicherheit im Haushalt

Die Gesundheit des Kindes hat oberste Priorität, deshalb sollten Sie alle gesundheitsgefährdenden Dinge möglichst von Ihrem Baby fernhalten.

Spezielle Sicherheitsvorkehrungen sind in den ersten Lebenswochen noch nicht notwendig. Wichtig ist, dass Ihr Baby einen Platz zum Schlafen hat, ausreichend mit Nahrung und Zuwendung versorgt und nicht durch unnötigen Krach in seinen Ruhephasen gestört wird. Sobald es jedoch anfängt zu krabbeln, zu robben, sich hochzuziehen und gar zu laufen, sollten Sie Ihre Wohnung spätestens kindersicher machen.

GEFAHRENQUELLE HAUSHALT

Auf der Internetseite der Kinderärzte im Netz (www.kinderaerzte-im-netz.de) gibt es in der Mediathek ein hübsch aufbereitetes Sicherheitstraining zu allen Gefahrenquellen im Haushalt: Schauen Sie doch einfach mal nach, wie fit Sie sind und ob Sie bereits alles umgesetzt haben.

Welche der im Anschluss aufgeführten Sicherheitsvorkehrungen erforderlich sind, muss jede Familie für sich entscheiden.

Verschluckbare Kleinteile: Achten Sie darauf, dass in der Nähe Ihres Säugling keine Kleinteile herumliegen, die es leicht verschlucken kann. Schon sehr früh fangen Babys an, alles, was sie in die Finger bekommen, in den Mund zu stecken, und manchmal wird dann auch etwas verschluckt. Vieles geht seinen normalen Weg nach draußen, aber manche Dinge sind zu groß und können stecken bleiben oder auch in die Luftröhre geraten. Zudem gibt es gesundheitsschädigende Sachen, die Vergiftungserscheinungen nach sich ziehen können.

Medikamente und Putzmittel: Beides gehört nie in die Reichweite von Säuglingen und Kleinkindern und sollte am besten weit oben und verschlossen gelagert werden.

Steckdosenschutz: Kleinkinder experimentieren mit den unterschiedlichsten Gegenständen. Und da kann es vorkommen, dass sie etwas in die Steckdose stecken, was nicht dort hinein gehört. Um dem vorzubeugen, gibt es in jedem Babyfachhandel oder auch in Baumärkten unterschiedliche, günstige Sets für den Steckdosenschutz.

Herdschutz: Es gibt spezielle Gitter, die den Griff auf die heißen Kochplatten verhindern. Auch diese bekommt man in unterschiedlichen Variationen im Babyfachmarkt.

Wasserkocher, Bügeleisen, heiße Getränke: Vorsicht vor Verbrennungen! Ihr Kind ist schneller, als Sie gucken können. Achten Sie bitte immer darauf, Dinge, durch die sich Ihr Kind gefährliche Verbrennungen zuziehen könnte, außerhalb seiner Reichweite aufzubewahren. Schauen Sie auch auf lange Kabel (z. B. beim Wasserkocher), an denen sich Ihr Kind vielleicht hochziehen könnte.

Kantenschutz: Gerade wenn Kinder anfangen zu krabbeln und sich überall hochziehen, ist die Gefahr sehr groß, dass sie mal abrutschen und mit dem Kopf gegen eine Tür- oder Tischkante prallen. Auch dem kann vorgebeugt werden mit speziellen Kantenschützern aus Gummi, die man einfach auf alle Kanten aufstecken kann.

Türstopper: Kleinkinder wollen immer alles Mögliche austesten, und wenn sie gerade laufen können, ist ein beliebtes Spiel, die Türen immer wieder auf- und zuzumachen. Damit beim Schließen der Tür nicht die kleinen Fingerchen eingequetscht werden, gibt es Türstopper aus Gummi zu kaufen, die das komplette Schließen der Tür verhindern.

Türschutzgitter: In vielen Wohnungen und Häusern gibt es Treppen, Kamine oder andere für Kinder gefährliche Bereiche. Dort sollte man am besten überall Türschutzgitter anbringen, damit Ihr Kind nicht unnötigen Gefahren ausgesetzt ist. Ein Krabbelkind kann die Gefahr einer steilen Treppe noch nicht abschätzen.

Weichmacher: In vielen Plastikgegenständen sind gesundheitsgefährdende Weichmacher enthalten. In Europa sind diese in Schnullern und Spielzeug verboten, manchmal verirren sich jedoch nach wie vor im Ausland hergestellte Produkte nach Deutschland, die diese trotzdem enthalten. Achten Sie also beim Kauf immer darauf! Hier gilt die Regel: Was giftig riecht, kann nicht gesund sein!

Ein besonderes Anliegen sind uns Brandmelder in der Wohnung! Sie sind mittlerweile in fast allen Bundesländern Pflicht. Falls Sie noch keine Brandmelder in Ihrem Haus und im Kinderzimmer installiert haben, dann sollten Sie jetzt unbedingt nachrüsten.

SICHERHEIT FÜR IHR BABY

Achten Sie unbedingt auf folgende Sicherungsmaßnahmen im Haushalt:
- Steckdosensicherungen
- Kühlschranksicherung und Herdgitter
- Kantenschutz und Schubladensperren
- Treppensicherung (Schutzgitter, Rutschschutz für die Treppenstufen)
- Fenstersicherungen
- Brandmelder
- Vielleicht denken Sie auch schon mal darüber nach, etwaige Gartenteiche, Schwimmbecken, Pools usw. kindersicher zu gestalten.

Das Babybett

Meist schon in der Schwangerschaft fangen Eltern an, das Kinderzimmer einzurichten. Man findet an vielen Stellen Baby- und Kindermöbel gibt es in unterschiedlichsten Preisklassen. Ein Babybett gehört heutzutage zur Standardausstattung im jedem Kinderzimmer. Wenn Sie ein neues Babybett kaufen, achten Sie immer darauf, dass dieses höhenverstellbar ist und sich vielleicht später noch zu einem einfachen Kinder- oder Jugendbett umbauen lässt. Damit sparen Sie sich einige Kosten. Gegen den Kauf eines gebrauchten Babybetts spricht natürlich nichts. Achten Sie dabei jedoch darauf, dass das Bett aus einem Nichtraucherhaushalt stammt.

> **EXPERTENTIPP**
>
> Bauen Sie neue Kindermöbel rechtzeitig – wenn möglich vor der Geburt Ihres Babys – auf, damit diese noch auslüften können.

Wenn Ihr Säugling dann endlich da ist und nach Hause kommt, werden Sie feststellen, dass das Babybett noch viel zu groß ist. Gerade in den ersten Lebenswochen, wenn es die Enge im Bauch der Mutter gewöhnt ist, wird Ihr Säugling eventuell Begrenzungen zum Schlafen benötigen. Ein einfacher Tipp: Legen Sie Ihr Kind dann quer ins Babybett und begrenzen Sie den Schlafplatz eventuell mit einem Stillkissen, damit es sich wohlerfühlt – aber auch hier gilt: Jedes Kind ist einzigartig und hat eigene Vorlieben.

Die meisten Familien haben für die ersten Wochen einen Stubenwagen (oder eine Wiege), der sich mit einem Rollengestell durch die ganze Wohnung fahren lässt, sodass das Baby immer in der Nähe sein kann und man es nicht immer mit sich herumtragen muss.

Eine gute Alternative für die ersten Monate ist ein Beistellbett, das mit dem Elternbett verschraubt wird. Diese Beistellbetten sind nicht groß und vor allem zur Elternseite hin offen, sodass man schnell zur Beruhigung hinübergreifen kann und nicht einmal aufstehen muss, um das Baby nachts zu stillen.

Für die ersten Monate werden Sie das Babybett wahrscheinlich in der höchsten Stufe aufbauen, sodass Sie sich nicht so tief zu Ihrem Kind bücken müssen. Sobald Ihr Säugling jedoch anfängt, sich hochzuziehen, sollten Sie das Bett eine Stufe runterstellen, denn sonst kann es passieren, dass er in einem unbeaufsichtigten Moment aus dem Bett purzelt.

> **DAS GLATTE LAKEN**
>
> Achten Sie darauf, dass das Bettlaken wirklich immer glatt ist! Da sich ein Baby seine Schlafposition nicht (aus)suchen kann, wie wir selber, sondern so liegen bleiben muss, wie Sie es in sein Bettchen gelegt haben, benötigt es eine wirklich glatte Liegefläche. Nach mehreren Stunden Schlaf auf einem Laken mit Falten kann es schmerzhafte Druckstellen bekommen.

Das Babyphone

Man sagt zwar, Eltern hätten bestimmte Sensoren, was ihre eigenen Kinder angeht, aber trotzdem wollen sich die wenigsten Eltern nur darauf verlassen. Um Ihr Kind in den Schlafzeiten zu überwachen, ohne durchgehend im selben Raum sein zu müssen, gibt es Babyphones in den unterschiedlichsten Ausstattungen und auch Preislagen. Überlegen Sie, welches Exemplar für Sie das sinnvollste ist. Es gibt ganz einfache, die wirklich nur den Ton übertragen und sonst keinerlei weitere Funktionen haben, dann gibt es welche, die eine Beleuchtungsfunktion haben und als Nachtlicht genutzt werden können, bei anderen kann man als Elternteil auch hineinsprechen wie bei einem Funkgerät. Und dann gibt es inzwischen auch schon Babyphones mit Videoüberwachung.

Beim Kauf sollten Sie immer darauf achten, dass das Babyphone nur auf einer Frequenz überträgt bzw. es mehrere Funkfrequenzen zur Auswahl hat, denn sonst kann es sein, dass Sie den Krankenhausfunk oder das Geschrei des Nachbarbabys hören.

Der Wickeltisch

Auch der Wickeltisch gehört standardmäßig in fast jedes Kinderzimmer. Er dient dem bequemen Wickeln Ihres Kindes und ist in einer optimalen Höhe, sodass Sie keine Rückenprobleme bekommen, wenn Sie Ihr Kind wickeln und anziehen. Auch den Wickeltisch gibt es in undenkbar vielen Variationen. Vom Aufsatz auf die Badewanne über den Wickeltisch mit Schubladen und Fächern bis hin zum herabklappbaren Platz zur Wandmontage.

WICKELTISCH-WARNUNG

Lassen Sie Ihr Baby niemals alleine auf dem Wickeltisch liegen! Auch nicht, wenn Sie nur kurz die Tür öffnen wollen, weil es geklingelt hat und Ihr Baby ja ganz ruhig daliegt. Wenn es unbedingt erforderlich ist, dass Sie kurz wegmüssen, dann ist Ihr Kind immer noch besser auf dem Boden aufgehoben als alleine auf der Wickelkommode. Es gibt jedes Jahr schwere Unfälle, auch mit Todesfolge, weil Babys von der Wickelkommode fallen! Die ideale Regel, um das Unfallrisiko deutlich zu senken, lautet: *Immer eine Hand am Baby!*

Wärmelampe und Heizstrahler

Im Mutterleib hat es der Embryo kuschelig und warm. Und bei der Geburt kommt das Neugeborene in eine völlig fremde und meist auch recht kalte Umgebung. Viele Säuglinge haben zu Beginn große Schwierigkeiten mit den unterschiedlichen Temperaturen und fangen herzzerreißend an zu weinen, wenn man sie auszieht. Leider bleibt den Babys das ständige An- und Ausziehen nicht erspart, da ihre vollen Windeln oder die vollgespuckte Kleidung gewechselt werden müssen.

EXPERTENTIPP !

Bodys und Hemdchen aus Wolle oder Seide müssen Sie in der Regel nicht so häufig wechseln, da es meist ausreicht, diese nass abzuwischen. Wolle oder Seide trocknen oft sehr schnell, sodass Ihr Kind gleich wieder trocken und sauber ist.

Um es dem Säugling so angenehm wie möglich zu machen, gibt es spezielle Heizstrahler, die man über den Wickeltisch hängen kann. Die meisten haben unterschiedliche Wärmegrade, sodass man sich je nach Außentemperatur für die ideale Raumtemperatur entscheiden kann. Sie erzeugen schnell die gewünschte Wärme, der Wickelraum muss also nicht ständig stark beheizt werden. Außerdem schaltet sich das Gerät automatisch nach wenigen Minuten aus, sodass es nicht überhitzt, wenn Sie vergessen, es auszustellen.

Die Badewanne

Ein Baby sollte regelmäßig gebadet werden. Da kommt oft die Frage auf, wo dies am sinnvollsten ist. Natürlich können Sie Ihr Kind in der regulären Badewanne baden. Allerdings müssen Sie dabei eine rückenschädliche Position einnehmen. Babywannen haben in der Regel die gleiche Größe und es gibt sie in den unterschiedlichsten Farben. Für die Wannen sind meist unterschiedliche Untergestelle erhältlich, mit deren Hilfe Sie Ihren Säugling in der optimalen und rückenfreundlichen Höhe baden können. Zudem gibt es Aufsätze für die reguläre Badewanne (auch in Kombination mit einem Wickelbereich).

Ebenfalls beliebt sind Badeeimer, in denen das Baby aufrecht sitzend gebadet wird. Diese Badeposition ist der Haltung des Embryos

im Mutterleib ähnlich und soll von Säuglingen als besonders angenehm empfunden werden. Achten Sie darauf, dass Sie den Badeeimer
immer gut im Griff haben. Viele Kleinkinder stoßen sich gerne mit
den Beinen ab und „springen" fast heraus. Und halten Sie ausreichend
viele Handtücher in Reichweite!

Auch bei den Badewannen und Eimern gilt: Lassen Sie Ihr Kind niemals unbeaufsichtigt!

Wenn Sie unsicher sind, wie heiß das Badewasser ist, dann sollten Sie
sich ein Thermometer anschaffen. So können Sie die ideale Temperatur von 37 °C optimal einstellen.

ALARM: BABY UNTER WASSER?

Es ist nicht direkt lebensgefährlich, wenn Ihr Kind Ihnen in der Badewanne einmal entgleitet und kurz mit dem Kopf untertaucht. Babys
haben einen natürlichen Reflex, der sie die Luft anhalten lässt.
Holen Sie es einfach sofort wieder an die Luft. Entscheidend ist, dass
Sie nicht in Panik geraten und das Baby ruckartig hochziehen. Tun Sie
so, als wäre das ein Spiel gewesen, und lachen Sie. Dann hat Ihr Kind
auch keine Angst. Angst überträgt sich von Ihnen auf Ihr Kind. Es
spürt, wenn Sie Angst oder Panik haben, und reagiert dann ebenfalls
ängstlich.

Geräusche und Lärm

Viele Eltern tendieren dazu, nur noch auf Zehenspitzen durch die Wohnung zu schleichen. Das müssen Sie nicht – im Gegenteil, denn so gewöhnt sich Ihr Baby an die absolute Stille und wird später Probleme haben, wenn es mit Geräuschen unterschiedlicher Art konfrontiert wird. Natürlich ist das andere Extrem, den ganzen Tag laut den Fernseher laufen zu lassen und dabei noch Staub zu saugen, auch nicht richtig.

Das Gehör von Babys ist viel empfindlicher als das von Erwachsenen. Aber Sie werden selber merken, dass es manche Kinder gibt, die sich viel wohlerfühlen, wenn sie normale Alltagsgeräusche (Unterhaltung, Schritte, Töpfegeklapper etc.) hören. Beobachten Sie einfach selber, was Ihr Kind mag und was nicht. Eine Faustregel gibt es aber: Geräusche, die problemlos durch Sprechen übertönt werden können, sind vollkommen in Ordnung.

Auch dass Sie mal Fernsehen oder Radio hören, wenn Ihr Kind im selben Raum ist, ist okay. Achten Sie nur darauf, dass es nicht ununterbrochen beschallt wird, denn das Gehör braucht klare Ruhepausen.

Wenn Ihr Baby schläft, müssen Sie sich auch meist keine Gedanken machen, dass es durch Telefonklingeln o. Ä. aus dem Schlaf gerissen werden könnte. Neugeborene schlafen meist tief und fest und bekommen von den Geräuschen gar nichts mit.

DIE RICHTIGE BABYKLEIDUNG

Schon während der Schwangerschaft können viele Eltern kaum noch an den niedlichen Babysachen vorbeigehen – da wird hier ein Kleidchen, dort eine Mütze und dann noch die süße Latzhose mitgenommen. Auch wenn Sie von den winzigen Anziehsachen magisch angezogen werden: Denken Sie bitte beim Kauf etwas praktisch.

Selbst wenn es noch so niedlich aussieht: Ein Säugling muss nicht in kneifenden Jeans oder Tüllkleidchen im Kinderwagen liegen!

Tipps für gute und geeignete Babykleidung:

- Wählen Sie Anziehsachen aus hautverträglichen Materialien (am besten zu 100 % aus Baumwolle oder anderen Naturprodukten), ansonsten riskieren Sie allergische Reaktionen. Sie wollen ja wahrscheinlich auch nicht in Plastik eingehüllt ins Bett gehen.
- Achten Sie darauf, dass die Kleidung mit hautverträglichen Farben eingefärbt ist – Kleidung, die einen unangenehmen Geruch hat, ist meist mit Chemikalien belastet. Diese sollten Sie lieber im Geschäft lassen! Die Haut Ihres Babys ist fünfmal dünner als Ihre eigene und deshalb auch viel empfindlicher. Alles, was mit der Haut Ihres Babys in Berührung kommt, kann unter Umständen Rötungen, Reizungen oder Allergien hervorrufen. Deshalb sollten Sie alle Anziehsachen (auch Ihre eigenen) vor dem ersten Tra-

gen waschen. Aber übertreiben Sie es auch nicht mit der Hygiene. Es wird empfohlen, neue und gebraucht gekaufte Kleidung einmal bei 40 °C durchzuwaschen. Desinfektionsmittel und scharfe Waschmittel sollten Sie hierbei nicht verwenden, ein ganz normaler Waschgang mit einem milden Waschmittel reicht völlig, um chemische Rückstände und auch eventuell vorhandenen Schmutz oder Bakterien zu entfernen.

- Babybekleidung sollte man bei hohen Temperaturen (Kochwäsche) waschen können, denn was in den Säugling reinkommt, kommt in der Regel auch wieder raus – und manchmal buchstäblich in die Hose!
- Babybekleidung sollte sich leicht wechseln lassen, da immer mal etwas danebengehen kann. Wichtig ist, dass der Halsausschnitt groß genug ist, damit das Anziehen über den Kopf leichter ist.
- Mit sogenannten „Wickelbodys" ersparen Sie sich das Über-den-Kopf-Ziehen komplett. Hosen, Strampler und Pyjamas, die sich im Schritt komplett öffnen lassen, sind sehr praktisch, da die Windeln häufiger voll sind, als dass man das Baby komplett umziehen müsste.
- Bei Hosen sollten Sie immer darauf achten, dass diese weiche Bündchen haben, die den Babybauch nicht einschnüren.
- Kleidung mit langen Bändern im Halsbereich ist für Babys und Kleinkinder ungeeignet. Das kann gefährlich sein – in einer ungünstigen Liegeposition könnte sich der Säugling schlimmstenfalls damit strangulieren.

Sie sollten immer mindestens sechs bis acht Garnituren in der passenden Größe zu Hause haben. Häufig spucken sich die Kleinen voll oder die Windel ist zum Bersten gefüllt, sodass es vorkommen kann, dass Sie Ihr Kind an manchen Tagen drei- bis viermal komplett umziehen müssen. Und spätestens wenn Ihr Nachwuchs anfängt, Babybrei zu essen, werden Sie Flecken kennenlernen, von deren Existenz Sie vorher noch nicht einmal gehört haben.

> **BABYS ERSTES OUTFIT**
>
> Folgende Anziehsachen sollten Sie vorbereitet haben, wenn Ihr Kind nach Hause kommt:
> - eine ausreichende Menge Windeln in der kleinsten Größe
> - Wickelbodys, Strampler und Hemdchen zum Knöpfen jeweils in den Größen 56 bis 68
> - Schlafanzüge in den Größen 56 bis 68
> - Babysöckchen oder Wollschuhe
> - Jäckchen in den Größen 62 und 68
> - je nach Jahreszeit Baumwoll-/Wollmützchen
> - eine Ausfahrgarnitur

Die Mütze

In den ersten Wochen nach der Geburt ist ein Babymützchen egal bei welchem Wetter fast schon Pflicht. Vor allem wenn es nach draußen geht. Säuglinge regulieren ihre Körpertemperatur zu Beginn über den Kopf, und deshalb sollte dieser nicht zu kalt werden. Im Sommer reicht natürlich ein leichtes Baumwollmützchen, im Winter ist jedoch etwas Wärmeres notwendig.

In den ersten Jahren sollte Ihr Kind zumindest in der Übergangszeit auch eine dünne Mütze oder ein Stirnband tragen, gerade um die empfindlichen Ohren zu schützen. Im Winter ist eine Mütze unabdinglich. Kinder sind viel kälteempfindlicher als Erwachsene, und deshalb benötigt der Kinderkopf immer einen angemessenen Schutz vor der Kälte.

Für alle Mützen gilt immer:

- Die Ohren sollten bedeckt sein.
- Das Material sollte immer der Außentemperatur angepasst sein.
- Achten Sie auf atmungsaktives Material. Kinder bewegen sich und schwitzen, deshalb soll die Hitze raus, die Kälte aber nicht hinein.
- Die Mütze muss gut passen und darf nicht rutschen! Jedes Kind hat eine unterschiedliche Kopfform, probieren Sie mehrere Exemplare unterschiedlicher Hersteller aus.

Die passende Kleidung für jedes Wetter

Da jedes Kind ganz unterschiedliche Vorlieben hat, kann man nicht pauschal sagen, welche die ideale Bekleidung zum jeweiligen Wetter ist.

Machen Sie sich nicht verrückt, wenn Ihr Kind ständig kalte Hände und Füße hat, dies bedeutet nicht unbedingt, dass es friert. Säuglinge können ihre Körpertemperatur noch nicht direkt regulieren, deshalb die Eisfingerchen! Wenn Sie prüfen wollen, ob Ihr Kind richtig gekleidet ist, reicht ein einfacher Griff in seinen Nacken. Wenn dieser heiß und/oder feucht ist, haben Sie es etwas zu gut gemeint mit der Kleidung. Fühlt sich der Nacken eiskalt an, sollten Sie Ihrem Kind etwas überziehen. In der Regel sollte die Temperatur des Nackens in etwa die Ihrer Hand haben oder ein klein wenig wärmer sein.

Ihr Baby wird sich aber auch bemerkbar machen, wenn ihm zu kalt oder zu heiß ist. Normalerweise fangen Babys an zu quengeln, wenn ihnen etwas nicht passt. Und dies lässt sich nicht immer nur auf Hunger oder Durst zurückführen.

Beim Spazierengehen

Solange Ihr Kind noch im Kinderwagen liegt, überlegen Sie, was Sie anziehen, wenn Sie nach draußen gehen. Im Winter kleiden Sie sich ja auch wärmer – achten Sie bei niedrigen Temperaturen darauf, dass Ihr Kind nicht frieren muss. Am besten eignen sich im Winter Overalls für den Kinderwagen, unter denen Sie Ihr Kind einfach mit Strumpfhose und Pulli kleiden. Für den Kuschelfaktor sorgt eine Decke. Im Sommer reicht manchmal ein Body aus. Legen Sie am besten zusätzlich eine dünne Decke, ein paar Söckchen und eine Mütze mit in den Kinderwagen, falls Ihrem Kind doch etwas kalt wird.

Sobald Ihr Baby jedoch phasenweise anfängt selber zu laufen, müssen Sie die Kleidung für den Spaziergang wieder an die neue Situation anpassen. Denken Sie daran, dass Ihr Kind nicht die ganze Zeit im windgeschützten, zugedeckten Kinderwagen liegt – nein, es möchte eventuell auch bei eisiger Kälte durch den tiefsten Schnee stapfen oder aber bei über 30 °C im Schatten Fangen in der prallen Sonne spielen. Hier eignet sich oft das „Zwiebelprinzip", bei dem Sie mehrere Schichten übereinanderziehen. Nehmen Sie m besten immer eine Wechselgarnitur mit, falls die Pfütze doch tiefer ist, als erwartet.

In der Sonne

Achten Sie, wenn Sie mit Ihrem Kleinkind rausgehen, immer auf eine dem Wetter angepasste Kleidung. Dazu gehört gerade im Sommer der Sonnenhut für die Kleinsten. Einen Säugling sollte man nie längere Zeit der direkten Sonnenstrahlung aussetzen. Natürlich lässt sich das nicht immer vermeiden. Daher sollte Ihr Kind immer gut geschützt sein. Achten Sie bei der Wahl des Sonnenhutes darauf, dass er bis in den Nacken reicht, da die Haut dort sehr empfindlich ist, und am besten noch einen hohen UV-Schutz hat.

UV-Schutz-Kleidung schützt den Körper vor direkter und langer Sonnenstrahlung. Sie ist aus einem Material, das Badebekleidung ähnelt. Kombis aus Hose und Shirt gibt es in vielen Sportgeschäften und sogar oft in Lebensmitteldiscountern zu kaufen. Einfache T-Shirts mit UV-Schutz sind ebenfalls empfehlenswert. Wenn man sich meist im Schatten aufhält, ist die Kleidung jedoch nicht zwingend erforderlich.

Der Sonnenschutz ist komplett, wenn Ihr Kind neben den schon erwähnten Sachen noch eine Sonnenbrille trägt, wenn es der direkten Sonneneinstrahlung ausgesetzt ist. Langes Spielen in der Sonne ohne geeigneten Schutz für die Augen kann die empfindlichen Kinderaugen dauerhaft schädigen. Die Sonnenbrille für Ihr Kind sollte kein modisches Accessoire sein, sondern den Zweck erfüllen, sprich: einen hohen UV-Schutz haben. Für ganz kleine Kinder gibt es spezielle Sonnenbrillen, die mit einem Neoprenband am Kinderkopf fixiert werden können. Vielleicht findet Ihr Kind das zunächst ungewohnt, aber schnell wird es merken, dass es angenehm ist, wenn es nicht mehr die Augen zusammenkneifen muss, weil die Sonne blendet.

EXPERTENTIPP

Von Hautärzten wird UV-Sonnenschutzkleidung für Kinder empfohlen. Sie hat einen Lichtschutzfaktor von 50+ und schützt Ihr Kind optimal beim Spielen und Baden am Strand und im Wasser.

Die Schuhe

Sehr modisch sehen die Babyschuhe aus, die uns die Hersteller verkaufen wollen. Schöne Babyschuhe gibt es bereits für Kinder ab dem ersten Monat. Doch ist das wirklich sinnvoll?

Die Grundregel lautet: Babys brauchen noch keine Schuhe!

Gerade bei den ersten Schritten ist es wichtig, dass Ihr Kind nicht die Bodenhaftung verliert. Es muss erst lernen, sein Gleichgewicht auf den eigenen Füßen halten zu können.

Auch wenn ein Schuh schützend und stützend den Kinderfuß umgibt, ist er bei den ersten Schritten nicht sinnvoll, sondern eher hinderlich. Am besten lernt Ihr Kleinkind barfuß oder – wenn es kalt ist – in rutschfesten Socken laufen. Dadurch werden seine Muskeln trainiert, und sein Fuß kann nicht verformt werden.

Wenn Ihr Kind später selbstständig und sicher einen Fuß vor den anderen setzen kann, ist der richtige Zeitpunkt, die ersten Schuhe zu kaufen.

Beim Schuhkauf sollten Sie einige Dinge beachten:
- Die passende Größe: Selbstverständlich muss der Schuh oder der Stiefel gut passen.
- Zu kleine Schuhe können zu Fehlbildungen oder Fehlstellungen führen. Ist der Schuh zu groß, stützt und schützt er den Kinderfuß nicht optimal.
- Lassen Sie vor jedem Schuhkauf die Füße immer vermessen. Da Ihr Kind gerade in den ersten Lebensjahren sehr schnell wächst, kann sich seine Schuhgröße innerhalb kürzester Zeit ändern.
- Wichtig ist vor allem, beide Füße zu messen, denn es ist nicht außergewöhnlich, dass Babyfüße unterschiedlich groß sind. In einem solchen Fall sollten Sie lieber den etwas größeren Schuh wählen und mit Socken für einen sicheren Stand sorgen.
- Achten Sie auf eine flexible Schuhsohle.

DIE ERNÄHRUNG DES BABYS

Als frischgebackene Mutter ist es ganz wichtig, dass Sie sich nicht selber unter Druck setzen oder sich durch die Umwelt unter Druck setzen lassen, wenn es nicht direkt mit dem Stillen klappt. Und oft genug sprechen auch Gründe dafür, dem Neugeborenen die Flasche zu geben. Eines ist sicher: Irgendwann steigen alle Babys auf feste Nahrung um. Auch wenn es bis dahin ein weiter Weg ist.

Schon während der Schwangerschaft setzt sich wahrscheinlich jede werdende Mutter mit dem Thema Stillen auseinander.

Brust oder Flasche?

Eines vorweg: Egal ob Sie sich für oder gegen das Stillen entscheiden – es ist Ihre Entscheidung und Sie müssen sich vor niemandem rechtfertigen! Mancher Frau bleibt gar keine Entscheidungsmöglichkeit, da nach der Entbindung die Milch nicht einschießt oder das Stillen ein gesundheitliches Risiko bedeutet.

Wichtiges rund ums Stillen

Es dauert, bis sich die Stillbeziehung zwischen Ihnen und Ihrem Baby eingependelt hat. Das Wochenbett heißt nicht ohne Grund so, sondern Sie sollten diese sechs bis acht Wochen nach der Geburt auch wirklich als Ruhephase gestalten und sich und Ihrem Baby ausreichend Zeit geben!

Das Stillen bietet einige Vorteile:
- Muttermilch ist genau auf die Bedürfnisse des Säuglings abgestimmt.
- Sie enthält Nährstoffe, die kein künstlich hergestelltes Produkt bieten kann.
- Kinder, die gestillt wurden, haben statistisch betrachtet im Lebensverlauf seltener mit Gewichtsproblemen zu kämpfen als „Flaschenkinder".
- Da Muttermilch nur in geringen Mengen zur Verfügung steht, besteht kaum eine Gefahr der Überfütterung.
- Stillkinder leiden später seltener an Asthma oder Allergien – unter anderem deshalb wird von der Weltgesundheitsorganisation WHO empfohlen, vier bis sechs Monate voll zu stillen und bis zum ersten Geburtstag langsam abzustillen.
- Mit dem Stillen sparen Sie eine Menge Geld, denn die „Babynahrung" wird durch den eigenen Körper bedarfsgerecht produziert.
- Muttermilch haben Sie als Mutter immer bei sich, Sie müssen weder Pulver noch abgekochtes warmes Wasser und Fläschchen mit sich herumtragen.
- Für die Bindung zwischen Ihnen und Ihrem Kind ist das Stillen außerdem eine wichtige Komponente, da in den Stillphasen viel Nähe und Kontakt zwischen Mutter und Kind aufgebaut werden.
- Beim Stillen schütten Sie das Hormon Oxytocin aus, welches nicht nur die Rückbildung der Gebärmutter fördert, sondern auch für eine glückliche und ausgeglichene Psyche sorgt.

- Das Stillen hilft vielen Frauen, die überschüssigen Schwangerschaftspfunde loszuwerden.
- Stillen spart unnötigen Stress, denn man hat die Nahrung stets wohltemperiert parat und erspart sich längere Schreiattacken, wenn das Zubereiten der Fertignahrung mal wieder zu lange dauert.

Neben all dem Positiven, das das Stillen mit sich bringt, haben trotzdem viele Frauen Befürchtungen, dass ihr Körper sich durch das Stillen verändern könnte. Oder aber sie haben das Gefühl, mit der ganzen „Arbeit" allein dazustehen – beim Fläschchengeben kann einen auch mal jemand anderes entlasten. Außerdem bringt die Stillzeit weitere Enthaltsamkeitszeit nach der langen Schwangerschaft mit sich, denn es darf weder Alkohol konsumiert noch geraucht werden.

Optimal: Muttermilch

Muttermilch ist für das Baby immer optimal zusammengesetzt. Je nach Alter und Entwicklungsstand des Babys ändert sich die Milch. Ebenso passt sich die Milchmenge durch häufigeres Anlegen und der Entwicklung entsprechend an das Kind an. Bei jeder Mahlzeit kommt zuerst etwas Vormilch, die den Durst stillt. Später dann die Hinterhofmilch, welche sättigend wirkt.

Muttermilch dient jedoch nicht nur als Nahrungsquelle fürs Kind. Sie ist rein, antibakteriell und heilungsfördernd.

Tipps, wofür Muttermilch noch verwendet werden kann:
- Sie eignet sich wunderbar als Badezusatz, durch ihre Zusammensetzung wirkt sie rückfettend, hautberuhigend und pflegend.
- Bei Schnupfen können Sie Ihrem Baby ruhig bei Bedarf etwas Muttermilch in die Nase tropfen.

- Bei Augeninfektionen kann Muttermilch als erstes Mittel helfen – einfach nach Bedarf bis zur Heilung in die Augen tropfen. Sollte das Kind das nicht mögen, können Sie es auch im Schlaf versuchen: einen Tropfen aufs geschlossene Auge geben und das Lid leicht öffnen. Achtung: Bei einer eitrigen Bindehautentzündung sollte der Arzt aufgesucht werden, ebenso wenn keine Besserung eintritt.
- Wunde Brustwarzen können Sie mit etwas Muttermilch einreiben und an der Luft trocknen lassen (oder einfach nach dem Stillen an der Luft trocknen lassen).
- Ein wunder Po kann ebenfalls nach der Reinigung mit klarem Wasser mit Muttermilch bestrichen und an der Luft getrocknet werden.
- Durch ihre desinfizierende Wirkung kann Muttermilch zudem zur Erstversorgung kleiner Verletzungen wie Schrammen und Kratzern verwendet werden. Die Wunde erst mit Muttermilch reinigen, dann noch etwas mehr draufgeben und trocknen lassen.

Milch bildet sich schon in der Schwangerschaft in den Drüsen. Gegen Ende der Schwangerschaft kann es daher passieren, dass Sie etwas Milch vorfinden. Sobald Ihr Baby da ist, legen Sie es in der Regel noch im Kreißsaal an. Durch das Saugen wird der Milchspendereflex ausgelöst, und die Milch fließt. Ebenso wird durch das Anlegen die Milchproduktion angeregt.

Die Milchbildung kann durch Still- oder auch Fencheltee angeregt werden. Ebenso gibt es Milchbildungskugeln, die man sich schnell selbst herstellen kann. Sie werden nach einem Rezept von I. Stadelmann aus dem Buch „Die Hebammensprechstunde" zubereitet.

Ein weiterer Grund für eine fehlende Milchproduktion können auch verstopfte Milchkanäle sein. In diesem Fall können Sie durch sanftes Ausstreichen der Brust die Milchkanäle in der Regel wieder gängig machen. Manchmal hilft auch schon das mehrfache Anlegen des Babys über ein paar Tage. Im Zweifel kontaktieren Sie am besten Ihre Hebamme.

REZEPT MILCHBILDUNGSKUGELN

1 kg Weizen, Gerste, Hafer (nach Belieben mischen),
  am besten geschrotet kaufen oder selbst schroten
300 g gekochter Vollkornreis
350 g Butter
300 g Honig
evtl. 1 Tasse fein gehackte Nüsse (Hasel-, Cashewnüsse, Mandeln)
1 Glas Wasser

Zubereitung: Das Getreide in einer Pfanne ohne Öl leicht braun rösten. Anschließend die anderen Zutaten zugeben und nach und nach das Wasser untermischen. Wenn eine gut formbare Masse entstanden ist, daraus etwa 2 cm große Kugeln formen.

Von den Kugeln können Sie zwei bis fünf am Tag verzehren, mehr werden nicht empfohlen, da sie richtige Kalorienbomben sind. Die Kugeln am besten im Kühlschrank aufbewahren.

Viele Frauen haben das Gefühl, dass ihr Körper zu wenig Milch produziert. Seien Sie versichert, dass jede zweite Frau sogar mehr als ausreichend Milch produziert. Sollten Sie wirklich zu wenig Milch haben, dann helfen Ihnen die folgenden Ratschläge:

- Gönnen Sie sich Ruhe und legen Sie sich einfach mal ein oder zwei Tage nur mit Ihrem Baby ins Bett und lassen Sie es wirklich alle zwei Stunden ordentlich saugen. Oft wirkt diese Intensivbehandlung wahre Wunder, denn das Baby steuert sozusagen die Produktion.
- Trinken Sie viel Wasser.
- Trinken Sie den sogenannten Milchbildungstee.
- Essen Sie ausreichend und nährstoffreich.

Und wenn Sie Bedenken haben, ob Ihr Kind wirklich genug bekommt, dann wiegen Sie es sehr genau. Eine Gewichtszunahme von etwa 100 bis 150 Gramm pro Woche ist vollkommen ausreichend.

> **ZUSÄTZLICHE NAHRUNG?**
>
> Braucht Ihr Säugling zusätzliche Nahrung, wenn in den ersten Tagen nicht genügend Milch vorhanden ist? Wenn Sie das Baby nicht verwirren wollen, sollten Sie ihm in den ersten Tagen keine zusätzliche Nahrung geben. Verzichten Sie auch auf Zuckerwasser oder andere den Stoffwechsel des Babys verwirrende Nahrung. Wenn Ihr Kind aus medizinischen Gründen Glukoselösung trinken soll, was Ihnen Ihr Kinderarzt mitteilt, ist das in Ordnung.

Den Stillort vorbereiten

Damit das Stillen für Sie und Ihr Baby so angenehm wie möglich ist, sollten Sie sich an Ihrem bevorzugten Stillort die folgenden Dinge bereitlegen:

- Suchen Sie sich einen Platz, an dem Sie gleichzeitig die Füße hochlegen und sich auch körperlich etwas entspannen können.
- Da Sie wahrscheinlich Durst bekommen werden: Stellen Sie sich eine Flasche Wasser oder Saftschorle bereit.
- Ebenso einige Kissen oder Decken, um Ihren Arm zu stützen.
- Und wenn Sie mögen ein paar Zeitschriften oder Bücher, zu denen Sie noch nicht gekommen sind.
- Sie können ruhig während des Stillens telefonieren. Stellen Sie das Telefon oder Handy aber auf lautlos.
- Hilfreich ist zudem ein „Spucktuch", um eventuell etwas Milch aufzunehmen.
- Und vielleicht mögen Sie ja auch eine Kleinigkeit essen.

Die besten Stillpositionen

Es gibt die verschiedensten Stillpositionen. Am wichtigsten ist, dass Sie bequem sitzen oder liegen und dass das Baby richtig angelegt ist.

Richtig angelegt heißt: Das Baby hat die Brustwarze und ein Teil des Brustgewebes im Mund und nicht nur die Brustwarze.

Bei einem Milchstau kann es manchmal hilfreich sein, die Stillposition so zu wechseln, dass sich der Unterkiefer an der sich stauenden Stelle befindet.

Die meisten Mütter stillen ihr Baby in der Wiegeposition. Dabei liegt das Baby auf ihrem Unterarm, Bauch an Bauch mit Ihnen. Aber auch im Liegen können Sie Ihr Baby bequem stillen, was vor allem nachts als angenehm empfunden wird. Hierbei liegen Sie seitlich und Ihr Baby mit dem Mund auf Höhe Ihrer unteren Brust, die Sie ihm reichen. Für einen Wechsel drehen Sie sich mit dem Baby um oder bleiben so liegen und winkeln Ihr Bein an. Dann drehen Sie den Oberkörper leicht, sodass das Baby die obere Brust erreichen kann.

Als dritte häufige Stillposition wird die Rücken- oder auch Fußballhaltung genutzt. Hierbei liegt Ihr Baby unter Ihrem Arm mit dem Bauch an Ihrer Seite. Rücken und Kopf werden durch Ihren Unterarm gestützt. Hier kann auch manchmal ein Stillkissen zum Abstützen helfen.

Wichtig ist, die Stillpositionen immer mal zu wechseln, das verhindert wunde Brustwarzen und das Kind kann zudem die ganze Brust effektiv leeren. Ein Milchstau kann so von vornherein verhindert werden.

EXPERTENTIPP

Wie soll ich die Brust wechseln, wenn sich das Kind festgesaugt hat? Ziehen Sie das Kind nicht einfach von der Brust weg, sondern lösen Sie das Vakuum, indem Sie mit dem kleinen Finger den Mundwinkel des Babys etwas öffnen. Dann geht es von ganz allein.

Vorteile des Stillkissens

Stillkissen haben meist die Form einer Banane. Schon in der Schwangerschaft eignen sie sich ausgezeichnet als Seitenschläferkissen. Ob man eines braucht oder nicht, muss jeder selbst entscheiden. Aber es kann eben auch nach der Geburt nicht nur als reines Stillkissen, sondern z. B. auch als Rückenstütze oder – wie beschrieben – als Bettbegrenzung für das Neugeborene genutzt werden. Auch die Seiten- oder leichte Schräglage kann durch das Stillkissen unterstützt werden, um z. B. Schädelverformungen vorzubeugen.

Das Stillkissen an sich soll eine entspannte Körperhaltung beim Stillen fördern. Sitzt oder liegt die Mutter entspannt, fließt die Milch besser, und das Kind kann besser trinken. Durch das Kissen wird es in seiner Position zudem unterstützt und gestützt.

Wie oft stillen?

Das Baby sollte am besten nach Bedarf gestillt werden. Also dann, wenn es sich regt und Zeichen von Hunger zeigt. Anders als bei Flaschenmilch, die je nach Alter als eine feste Menge pro Flasche gereicht wird und alle vier Stunden gefüttert werden soll, wissen Stillmütter nicht, wie viel Milch das Kind getrunken hat und wie nahrhaft die Milch gerade ist. Befindet sich das Baby in einem Wachstumsschub, benötigt es mehr Milch, und die Produktion wird durch häufigeres Anlegen angeregt.

Vertrauen Sie auf Ihr Bauchgefühl und füttern Sie nicht nach Uhr. Jedes Kind trinkt unterschiedlich viel und schnell pro Mahlzeit. Achten Sie jedoch darauf, ob Ihr Baby wirklich Hunger hat oder aus einem anderen Grund unruhig ist. Denn auch zu viel Stillen kann zu Übergewicht führen.

Wann ist das Baby satt?

Babys haben noch ein gutes Sättigungsgefühl und merken recht gut, wann sie genug haben. Beim Stillen und auch bei der Flasche zeigen sie dies z. B., indem sie den Kopf wegdrehen oder die Brust bzw. Flasche ausspucken. Häufig machen sie auch Quatsch oder trinken zwar, lassen die Milch dann aber rauslaufen. Ob ein Baby nach fünf, zehn oder 15 Minuten satt ist, kann man nicht pauschal sagen, da jedes Kind unterschiedlich stark saugt und schnell trinkt.

Das „Bäuerchen"

Anders als bei Flaschenkindern schluckt ein ruhig trinkendes Baby an der Brust nicht so viel Luft, dass es ein Bäuerchen machen muss. Gerade Nachts trinken die Säuglinge viel ruhiger und entspannter und brauchen daher kein Bäuerchen. Manche Babys machen auch während des Trinkens eins.

Ein Bäuerchen können Sie entweder hervorrufen, indem Sie Ihr Baby auf dem Arm über die Schulter nehmen und ihm leicht auf den Popo oder den unteren Rücken klopfen. Aber auch die Bauchlage kann zu einem Bäuerchen führen.

Ob Ihr Kind ein Bäuerchen braucht oder nicht, merken Sie daran, ob es nach der Mahlzeit unruhig wirkt.

> **HILFE, MEIN KIND HAT SCHLUCKAUF!**
>
> Alle Hausrezepte wie Erschrecken o. Ä. sind hier fehl am Platz! Geben Sie Ihrem Baby einfach einen Schluck zu trinken – und der Schluckauf geht in der Regel weg.

Das Baby mag nicht an der Brust trinken

Geben Sie nicht gleich auf – an der Brust erfährt Ihr Kind ganz viel Nähe und kann dort auch seinen Kummer, den es schon durch die Schwangerschaft, die Geburt oder nicht so gute Tage erlebt hat, ausleben und ihm freien Lauf lassen. Versuchen Sie es auszuhalten und dem Kind die Brust weiter anzubieten. Hören Sie ihm zu und sprechen sanft zu ihm.

Normalerweise riecht oder schmeckt die Milch nur selten nicht. Manchmal verweigert der Säugling die Brust aber auch wegen einer Saugverwirrung oder Stress der Mutter.

Sollte Ihr Kind die Brust weiter verweigern und unruhig sein, dann scheuen Sie sich nicht davor, Ihre Hebamme zu kontaktieren.

! WAS, WENN DAS BABY EINE BRUST BEVORZUGT?

Fast alle Babys haben eine „Lieblingsbrust" – aus welchen Gründen auch immer ... Versuchen Sie es mit dem folgenden Trick, wenn Sie mit dem Stillen beginnen: Legen Sie zuerst das Baby an die „Schokoladenseite", dann schieben Sie es langsam zur anderen Brust hinüber. Zu Verdeutlichung: Babys Bauch liegt dann an Ihrer Taille, die Beine klemmen Sie sich unter den Arm. In 90 Prozent aller Fälle klappt der Wechsel unbemerkt.

Gleichmäßige Milchbildung

Für eine gleichmäßige Milchbildung und damit es nicht zu einem Milchstau kommt, sollten Sie Ihrem Kind immer beide Brüste anbieten. Manche Babys trinken pro Mahlzeit auch nur eine, andere beide. Sofern es beide trinkt, fängt man bei der nächsten Mahlzeit mit der

Brust an, die zuletzt gegeben wurde. Bei einer Brust beginnt man mit der, die noch nicht dran war. Um sich leichter zu merken, welche Seite dran ist, kann man sich z. B. ein Haargummi oder Armband an das entsprechende Handgelenk machen oder eine Schleife, Klemme etc. an den Träger des BHs stecken.

Probleme mit den Brustwarzen

Die Brustwarzen werden durch das Saugen gereizt. Gerade am Anfang der Stillbeziehung kann dies manchmal schmerzhaft sein. Eine Brustwarzensalbe mit Lanolin (Wollwachs) sowie Luft können schnell eine Linderung verschaffen. Ebenso helfen meist eine kürzere Trinkphase und ein Wechsel der Brust. Wenn keine Besserung eintritt, können auch Brusthütchen zum Entlasten probiert werden.

Wichtig ist, das Kind immer richtig anzulegen und dies auch zu kontrollieren, da falsches Saugen die Brust mehr reizt.

BRUSTHÜTCHEN/STILLHÜTCHEN

Manche jungen Mütter machen sich Gedanken über die Form ihrer Brustwarzen und haben Bedenken, dass diese nicht ideal für das Stillen sein könnten. Zu diesem Zweck werden Hütchen aus Silikon oder Kautschuk verkauft, die das Stillen vereinfachen sollen. In den meisten Fällen klappt das Stillen dann. Stillhütchen sind für Frauen entwickelt worden, die eine sehr flache oder eine Schlupfbrustwarze haben. Sie sind zwar schmerzstillend, wenn die Warzen entzündet oder verletzt sind, fördern die Heilung aber nicht wirklich. Der Nachteil ist, dass sich Kinder an die Stillhütchen gewöhnen und anstelle der normalen Brustwarze dann immer den „großen Nippel" wollen. Aber zu Zeiten sehr wunder Brustwarzen können sie durchaus eingesetzt werden.

Ganz wichtig: Kochen Sie die Hütchen vor jeder Benutzung ab!

Stillen bei grippalem Infekt?

Da grippale Infekte eine bestimmte Inkubationszeit haben, bis die Krankheit ausbricht, wird das Baby ohnehin schon mit den Viren „mitversorgt". Würden Sie beim Ausbruch des Infektes abstillen, wäre Ihr Kind ungeschützt und würde von Ihren Abwehrkräften und Antikörpern ferngehalten. Sie dürfen also mit ruhigem Gewissen weiterstillen. Vermeiden Sie aber eine zusätzliche Kontamination durch Husten und Anniesen.

Die Ernährung der Mutter

Alles was Sie als Mutter essen und trinken, kommt auch in Ihre Milch und damit zu Ihrem Kind. Es gibt Lebensmittel, die die Milchbildung hemmen. Während des Stillens sollten Sie nicht zu scharf essen, ebenso blähende Lebensmittel in Maßen genießen oder ganz vermeiden. Pfefferminze z. B. wirkt sich milchhemmend aus, Sie sollten ihn daher nicht trinken, wenn Sie nicht abstillen möchten.

Getränke wie Energydrinks, die neben Koffein oft auch Taurin enthalten, sollten für Sie tabu sein, da sie Ihr Kind ebenfalls aufputschen – und das eventuell sogar um ein Vielfaches als Sie selbst.

Milch fördernde Getränke wie z. B. Malzbier, Salbeitee, Fencheltee hingegen können Sie ohne Probleme zu sich nehmen. Ebenso wichtig ist es, dass Sie sich ausgewogen ernähren. So wird sichergestellt, dass auch Ihr Baby alle wichtigen Nährstoffe erhält, die es gerade benötigt.

LEBENSMITTEL, DIE SIE ALS STILLENDE MUTTER IM ERSTEN LEBENSJAHR MEIDEN SOLLTEN

Folgende Lebensmittel lösen sehr häufig allergische Reaktionen aus und sollten deshalb, wenn Sie stillen, im ersten Lebensjahr möglichst gemieden werden:

- Milch und Milchprodukte
- Hühnereiweiß
- Fisch
- Nüsse
- Soja
- Honig
- Schokolade
- Zitrusfrüchte
- Weizen
- Tomaten

Wenn Sie selber allergisch reagieren oder es bereits ein Geschwisterkind gibt, das unter einer Allergie leidet, dann ist auf jeden Fall erhöhte Vorsicht bei Ihrem Säugling geboten. Sie sollten daher im ersten Lebensjahr die Palette an neuen oder unbekannten Lebensmitteln eher klein halten.

EXPERTENTIPP

Achten Sie besonders auf eisenhaltige Ernährung und Wasser – denken Sie immer daran, ausreichend zu trinken. Stillen macht durstig und Wassermangel müde und schlapp!

Verzichten Sie auf Salbeitee und Salbeibonbons. Salbei wirkt milchbildungshemmend.

Biokost für die Mutter

Sie werden sich vielleicht fragen, ob es nicht am besten ist, während der Stillzeit auf Bioprodukte umzusteigen. Viele stillende Mütter hoffen, dass ihre Muttermilch dadurch besonders schadstoffarm ist oder ihrem Säugling besonders guttut. Ernährungsexperten halten eine ausschließliche Bioernährung nicht für notwendig. Durch herkömmlich produzierte Lebensmittel ist Ihr Kind nicht durch Schadstoffe in der Muttermilch gefährdet. Natürlich ist es sinnvoll, sich gesund und abwechslungsreich zu ernähren, biologische Lebensmittel sind hierbei sicher eine gute Wahl.

Nur wenig Koffein

Ein Baby braucht mehr als drei Tage, um durch die Muttermilch aufgenommenes Koffein wieder abzubauen. Der Wirkstoff kann zu Unruhe, Bauchschmerzen und Blähungen bei Ihrem Säugling führen. Er findet sich nicht nur in Kaffee, sondern auch in Cola, schwarzem und grünem Tee sowie in Energydrinks und sogar in Trinkschokolade. Ein Espresso enthält ca. 50 mg Koffein, eine Tasse Filterkaffee ca. 80 bis 120 mg, ein Glas Cola ca. 20 bis 50 mg und eine Tasse Milchschokolade ca. 20 mg Koffein. Je länger schwarzer oder grüner Tee zieht, desto mehr Koffein geht ins Teewasser über, eine Tasse schwarzen Tees enthält ca. 30 bis 60 mg Koffein. Aus diesem Grund wird empfohlen, maximal zwei Tassen Kaffee pro Tag zu trinken, am besten nachdem Sie Ihr Kind gerade gestillt haben.

Versuchen Sie auch mal Früchte- oder Rooibostee, letzterer ist zusätzlich reich an Eisen.

Medikamente: Immer den Arzt fragen

Nicht jedes Medikament ist in der Stillzeit erlaubt oder empfehlenswert. Machen Sie Ihren Arzt oder Apotheker darauf aufmerksam, wenn Sie ein Medikament nehmen, und fragen Sie nach. Um sich selbst zu informieren, empfehlen wir die Internetseite Embryotox (www.embryotox.de). Hier sind viele Wirkstoffe und Medikamente und deren Stillverträglichkeit aufgelistet.

Alkohol ist tabu!

Ihr Kind trinkt mit! Dieser Satz gilt nicht nur in der Schwangerschaft, sondern auch während der Stillzeit.

Alkohol ist ein Zellgift, und der übermäßige Konsum alkoholischer Getränke kann in jedem Lebensalter zu enormen Gesundheitsschäden führen.

Doch wie sieht es mit einem „kleinen Gläschen" in der Schwangerschaft und in der Stillzeit aus? Darf eine Frau auch nach der Schwangerschaft gar keinen Alkohol trinken?

Stellen Sie sich vor, Sie würden Ihrem neugeborenen Baby Alkohol einflößen – das würden Sie mit Sicherheit nicht übers Herz bringen. Und nichts anderes geschieht, wenn Sie in der Schwangerschaft Alkohol trinken: Ihr Kind trinkt mit.

Das gilt auch für die Stillzeit: Da der Alkohol in Ihre Muttermilch übergeht, sollten Sie, wenn Sie stillen, besser gar keinen Alkohol trinken. Die noch nicht ausgereifte Leber Ihres Säuglings kann Alkohol nur sehr schwer abbauen. Für jeden Säugling sind daher auch geringe Mengen Alkohol bedenklich.

Wenn Sie unbedingt während der Stillzeit ein Glas Wein trinken möchten, dann ist der am wenigsten kritische Zeitpunkt – wenn überhaupt – direkt nach dem Stillen. Je länger der zeitliche Abstand zwischen Trinken und Stillen ist, desto besser, da die Leber etwa zwei Stunden braucht, um den Alkohol aus etwa einem kleinen Glas Bier oder Wein abzubauen. Auf Hochprozentiges sollten Sie unbedingt ganz verzichten!

Sollte Sie auf einer Party oder während eines Essens jemand bedrängen, doch ein Glas mitzutrinken, dann diskutieren Sie nicht und bleiben Sie bei „Nein, danke!" Ihre Umgebung wird es mit Sicherheit respektieren, wenn Sie mit einem Glas Apfelsaftschorle auf den feierlichen Anlass anstoßen. Vielleicht bitten Sie auch Ihren Partner um Unterstützung, indem er in Ihrer Gegenwart während der Stillzeit komplett auf Alkohol verzichtet. Eventuell hat er sich ja noch gar keine Gedanken darüber gemacht, dass Ihnen der Verzicht schwerfällt.

Abpumpen und Milch einfrieren

Wenn Sie ausreichend Milch haben, können Sie diese auch abpumpen und lagern. Um die Milchproduktion nicht unnötig anzuregen, sollte Sie immer erst abpumpen, nachdem Ihr Baby getrunken hat. Stellen Sie die Milch sofort in den hinteren Teil des Kühlschranks. In der Tür oder vorne im Kühlschrank ist sie wegen Temperaturschwankungen durch das Öffnen der Tür nicht gut aufgehoben und verdirbt schneller. Sie können die Milch auch aus mehreren Mahlzeiten sammeln, jedoch nicht länger als zwölf Stunden.

- Aufbewahrung im Kühlschrank: Sie können die Milch für Mahlzeiten bis zu 24 Stunden im Kühlschrank lagern.
- Gefrierfach: Im Gefrierfach ist die Milch bis zu sechs Monate haltbar. Allerdings braucht Ihr Baby in diesem halben Jahr durch sein Wachstum eine andere Zusammensetzung der Milch. Deshalb empfiehlt es sich, die Milch nur kurzzeitig einzufrieren.

Beachten Sie hierbei, dass Sie die abgepumpte Milch einfrieren können und bis zu 24 Stunden im Kühlschrank aufbewahren können. Sie dürfen die Milch jedoch nur einmal körperwarm erwärmen.

Abpumpen können Sie entweder mit einer Handpumpe, was manche Frauen als recht mühsam empfinden, oder Sie nutzen eine elektrische Pumpe.

> **EXPERTENTIPP**
>
> Milchpumpen können manchmal die Milchproduktion steigern, einen Milchstau beheben oder einfach zur Überbrückung von sehr schmerzenden Brustwarzen dienen.

Muttermilch aus dem Fläschchen

Für viele Mütter ist es eine Erleichterung, wenn sie nicht immer an das Stillen gebunden sind. Hier hilft es Milch abzupumpen und dem Baby als Fläschchen zu reichen. Hiermit sollten Sie aber nicht direkt starten, da es zu einer Saugverwirrung (zwischen Brust und Silikon- oder Kautschukaufsatz) kommen kann. Aus einem Sauger kann Ihr Baby die Milch viel leichter saugen als aus Ihrer Brust, weshalb es sich am Anfang nicht empfiehlt ein Fläschchen zu reichen, wenn es nicht sein muss (z. B. beim Zufüttern oder aus medizinischen Gründen).

> **EXPERTENTIPP**
>
> Bei Fragen rund um das Thema Stillen können Sie sich neben Ihrer eigenen Hebamme auch an die für Ihr Bundesland zuständige Beauftragte für Stillen und Ernährung des Deutschen Hebammenverbandes wenden. Die Adressen finden Sie auf der Seite des Deutschen Hebammenverbandes (www.hebammenverband.de) oder auf der Seite der La Leche Liga (www.lalecheliga.de).

Zufüttern und Folgenahrung

Fertige Säuglingsmilch

Sollten Sie, aus welchem Grund auch immer, nicht stillen, gibt es eine große Auswahl an unterschiedlichen Säuglingsmilchsorten. Im Groben lassen sich „normale"-, HA- (für allergiegefährdete und allergiekranke Kinder) und Biomilch als Grundsorten unterscheiden. Von Geburt an und eigentlich auch während der ganzen Flaschenzeit reicht Pre-Nahrung oder 1er-Milch. Beide sind gleich aufgebaut, die 1er-Milch wirkt durch die Zugabe von Maisstärke sättigender. 2er-Milch und aufwärts gibt es zwar auch, aber in diesen Sorten ist oft schon Zucker enthalten. Daher ist es ab einem Alter von einem Jahr gesünder, dem Kind normale Kuhmilch zu geben. Kinder ab sechs Monaten können auch schon Kuhmilch bekommen, sollten aber zum einen nicht mehr als 200 ml zu sich nehmen und dies am besten als Brei.

Sollte Ihr Kind eine Laktoseintoleranz oder andere Unverträglichkeiten haben, so gibt es spezielle Milch aus der Apotheke, diese verschreibt der Kinderarzt.

Bitte achten Sie darauf, dass Ihr Kind wirklich trinkt und nicht nur an der Flasche nuckelt. Denn dies kann zu Karies und Zahnfehlstellungen führen.

ERSTAUSSTATTUNG FÜR HUNGRIGE BABYS

Folgende Dinge benötigen Sie für die gute Versorgung Ihres Babys:
- Milch-, Tee- oder Wasserflasche (verwenden Sie immer ungesüßten Tee)
- Saugerbox und Ersatzsauger
- Flaschen- und Saugerbürste
- einen Wasserkocher (Achten Sie auf herunterhängende, lange Kabel – Kinder könnten daran ziehen und es kann zu Verbrennungen kommen.)
- einen elektrischen Flaschenwärmer
- Thermobox/Thermosflasche
- Sterilisiergerät für die Fläschchen, Sie können diese aber auch auskochen

Bei der Zubereitung der Säuglingsmilch sollten Sie einige Punkte beachten. Hier die Empfehlungen zur Zubereitung von Säuglingsmilchnahrung der Deutschen Gesellschaft für Ernährung :

- Bereiten Sie Säuglingsmilch immer frisch zu.
- Entsorgen Sie Reste stets (bewahren Sie diese nicht auf und erwärmen Sie sie auch nicht wieder).
- Verwenden Sie immer frisches Trinkwasser (Leitungswasser).
- Lassen Sie dieses vorher ablaufen, bis es kalt aus der Leitung fließt.
- Nutzen Sie keine Wasserfilter.
- Erwärmen Sie das Wasser auf 30 bis 40 °C (und nehmen Sie es nicht warm aus der Leitung).
- Nehmen Sie kein Trinkwasser aus Bleileitungen.
- Nutzen Sie Trinkwasser aus Hausbrunnen nur nach Prüfung der Wasserqualität.
- Anstelle von Trinkwasser aus ungeprüften Hausbrunnen und Bleileitungen wählen Sie abgepacktes Wasser mit der Aufschrift: „Für die Zubereitung von Säuglingsnahrung geeignet" (in Drogeriemärkten erhältlich).

- Spülen Sie Flaschen und Sauger nach jeder Mahlzeit gründlich und reinigen Sie sie sorgfältig.
- Kochen Sie Gummisauger gelegentlich aus (bei Silikonsaugern ist dies nicht erforderlich).

Allergien und Unverträglichkeiten

Allergieprävention ist ein wichtiges Thema, da das Auftreten von Allergien in den letzten Jahren deutlich zugenommen hat. Am besten schützen Sie Ihr Kind, wenn Sie:
- mindestens vier, noch besser sechs Monate ausschließlich stillen
- und zusätzlich noch länger begleitend stillen (insgesamt mindestens ein Jahr).

Stillen verhindert keine Allergien, verzögert aber deutlich das mögliche Auftreten und reduziert gleichzeitig auch die Ausprägung. Es gibt bisher keine wissenschaftlich fundierten Studien, die belegen, dass das Weglassen von bestimmten Lebensmitteln oder eine Diät zu einer Allergieprävention führt. Aber das Weglassen von bekannten allergenen Stoffen und Lebensmitteln schadet auch nicht!

Falls schon eine Allergie bei Ihrem Kind festgestellt wurde, sollten Sie sein Umfeld nach Möglichkeit so gestalten, dass es keinen oder möglichst wenig Kontakt zu den Allergieauslösern hat. Sprechen Sie in jedem Fall mit Ihrem Kinderarzt und fragen Sie nach, ob Sie noch andere Dinge zusätzlich beachten müssen.

EXPERTENTIPP

Auf dem Internetportal www.allum.de finden Sie viele weitere hilfreiche Hinweise rund um das Thema Allergien.

Bei einem bis drei Prozent aller Babys kann es vorkommen, dass sie keine Milch vertragen und den Milchzucker nicht verarbeiten können. Dieses kann sich bereits in den ersten Tagen durch Durchfall äußern. Wenn Sie die folgenden Symptome einer möglichen Milchzuckerunverträglichkeit (Laktoseintoleranz) bei Ihrem Baby feststellen, dann sollten Sie Ihren Kinderarzt konsultieren.

SYMPTOME FÜR EINE MÖGLICHE MILCHZUCKERUNVERTRÄGLICHKEIT

- anhaltender Durchfall
- Bauchschmerzen
- Blähungen
- laute Bauchgeräusche
- vermehrtes Aufstoßen
- Verstopfung
- Völlegefühl
- Weinen nach dem Trinken

Wenn Sie unsicher sind, gehen Sie lieber einmal zu oft als einmal zu selten zu Ihrem Kinderarzt.

Wann ist Spezialmilch sinnvoll?

Auf dem Babynahrungsmarkt finden Sie auch spezielle Säuglingsmilch gegen Durchfall, Blähungen, Koliken, Verstopfung oder andere Auffälligkeiten. Diese unterscheidet sich in der Regel von herkömmlicher Säuglingsnahrung durch Zusätze von speziellen Fetten, Elektrolyten, Ballaststoffen und Proteinen.

Verwenden Sie eine solche Spezialmilch nur nach ärztlicher Rücksprache!

Vegetarische und vegane Ernährung

Kleinkinder benötigen für ihre Entwicklung viel Eisen, das besonders wichtig ist für den Aufbau der Muskulatur und für ein gesundes Blutbild. Die Eisenaufnahme aus Gemüse und Getreide ist für den Körper nicht so einfach wie aus Fleisch. Wenn Sie sich selbst vegetarisch oder vegan ernähren, sollten Sie Ihr Kind wirklich nur in enger Absprache mit dem Kinderarzt ebenfalls so ernähren. Wenn Ihr Kind alt genug ist, können Sie ja immer noch die Ernährung langsam umstellen und andere Schwerpunkte setzen.

Getränke: Was und wie viel?

Wasser oder ungesüßter Tee sind die besten Durstlöscher, da sie den Flüssigkeitshaushalt am besten ausgleichen. Säfte und Softdrinks enthalten Zucker, die nicht nur zu Karies und Übergewicht führen, sondern Ihr Kind auch aufputschen können. Milch können Sie Ihrem Kind auch geben, jedoch zählt diese durch ihre Zusammensetzung nicht als Getränk, sondern als Nahrungsmittel.

Wenn Ihr Kind Wasser oder Tee pur nicht mag, können Sie gelegentlich auch Schorlen anbieten, diese sollten aber immer zwei Drittel Wasser und maximal ein Drittel Saft enthalten, am besten nur einen Hauch von Saftgeschmack.

Um das Kind zum Trinken zu motivieren, sollten Sie als gutes Beispiel vorangehen und ebenso regelmäßig etwas trinken. Bunte Becher, Trinklernbecher usw. können Ihr Kind ebenfalls zum Trinken anregen.

Ein Säugling, der ausschließlich gestillt wird oder die Flasche bekommt, braucht keine zusätzlichen Getränke. Säuglinge benötigen etwa 1000 ml Flüssigkeit und die bekommen sie über die Brust oder die Flasche.

Erst mit Einführung der Beikost sollten Sie zum Essen etwas Wasser oder Tee reichen. Wenn ungefähr drei Mahlzeiten ersetzt sind, sollten Sie auch zwischendurch immer wieder etwas anbieten, sofern Ihr Kind dies nicht ohnehin schon einfordert. Vom ersten bis vierten Lebensjahr sollten Kinder etwa 800 ml Flüssigkeit zu sich nehmen. Milch aus der Brust und der Flasche zählt, wenn diese noch gegeben wird, ebenso als Menge dazu.

Wie viel Ihr Kind tatsächlich benötigt, hängt zuletzt auch davon ab, wie aktiv Ihr Kind ist, ob es schwitzt usw.

Der richtige Umgang mit Zucker

Zucker führt zu Übergewicht und Karies, auch bei noch nicht vorhandenen Zähnen. Im ersten Lebensjahr sollten Sie daher auf Zucker gänzlich verzichten. Schauen Sie sich auch die Verpackungen genau an, viele Babybreie und Kekse, die für Babys angeboten werden, enthalten Zucker!

Gute Alternativen sind Obst(-breie), selbst gebackene Dinkelstangen, Hirsekringel oder – für Kinder mit Zähnchen – selbst gemachte Müslistangen. Oft wird bei den Rezepten als Süßungsmittel auf Möhren und Bananen zurückgegriffen.

EXPERTENTIPP !

Verzichten Sie nach Möglichkeit auf häufige süße Zwischenmahlzeiten, da diese den Zahnschmelz stärker belasten. Nach Abschluss der Mahlzeiten ist das Spülen des Mundes mit einem Glas Wasser auch eine sehr gute Sache.

Zufüttern: Ab wann, wie und was?

Sofern Sie genug Milch haben oder das Baby das Fläschchen bekommt, muss nicht weiter zugefüttert werden. Erst mit Beginn der Beikostzeit bieten Sie Ihrem Baby immer etwas feste Nahrung bzw. Brei an, für zwischendurch auch mal etwas Banane oder einen Hirsekringel o. Ä.

> **STUHLGANG – UNTERSTÜTZUNG MIT DER RICHTIGEN ERNÄHRUNG**
>
> Bei der Nahrungsumstellung auf feste Kost und neue Nahrungsmittel klappt der Stuhlgang nicht mehr ganz so leicht wie vorher. Wundern Sie sich nicht, wenn es beim Übergang zu Verdauungsschwierigkeiten kommt. Spätestens wenn Sie Kartoffeln in der Mittagsmahlzeit haben, löst sich das Problem von selber. Wenn Ihr Kind zu Verstopfung neigt, dann geben Sie ihm doch einfach etwas Apfel und viel zu trinken, das wirkt mit Sicherheit.

Gläschen oder selber kochen?

Ab wann Ihr Kind Beikost erhalten sollte und möchte, hängt von seiner individuellen Entwicklung ab. Der früheste Start für eine Beikost mit „körperlichem Essen" ist mit 17 Lebenswochen. Vertrauen Sie aber auch Ihrem Bauchgefühl und Ihrem Kind und lassen Sie sich nicht von Monatsangaben verunsichern. An sich reicht Ihrem Kind in den ersten sechs Monaten Mutter- oder Säuglingsmilch.

Neben dem Alter, das kein Garant ist, gibt es für den Beikoststart sogenannte Reifezeichen. Unter anderem sollte Ihr Kind bereits sitzen können, wenn es feste Nahrung zu sich nimmt, da im Sitzen die Verschluckungsgefahr geringer ist. Sitzen bedeutet hier aber nicht, dass es zusammengesackt im Hochstuhl oder auf Ihrem Schoß sitzt, sondern dass es sich vielleicht noch nicht alleine hinsetzen, sich aber selbst halten kann, seine Muskulatur also kräftig genug ist.

Zeigt Ihr Kind Interesse am Essen, will es Ihnen beispielsweise schon das Essen aus der Hand nehmen, und zwar nicht nur aus Neugierde, sind dies weitere Anzeichen.

Ob Sie nun Gläschen nehmen oder selber kochen, ist Ihnen überlassen. Beim Selbstkochen können Sie auf jeden Fall eine größere Vielfalt nutzen. Schauen Sie einfach, in welchen Situationen es passt, selber zu kochen, und in welchen es leichter ist, einfach ein Gläschen zu füttern.

Beim Selbstkochen sollten Sie nicht vergessen, beim Zerkleinern bzw. Pürieren etwas Öl und Saft hinzuzufügen, weil dies die Aufnahme wichtiger Vitamine und Mineralstoffe fördert. Eine Alternative zu Brei oder dem klassischen Beikostweg ist das *Baby Led Weaning* (BLW). Bei diesem Beikostweg bestimmt Ihr Kind die Entwöhnung von der Brust bzw. Flasche. Hiermit sollten Sie jedoch nicht vor dem sechsten Monat starten. Beim BLW bekommt Ihr Kind von Anfang an Nahrungsmittel vom Tisch, also Nahrungsmittel, die Sie auch essen. Sie werden nicht als Brei gefüttert, sondern als handgerechtes Fingerfood. Anfangs wird hierbei noch viel danebengehen und Ihr Baby wird auch keine nennenswerten Mengen verspeisen, da der Fokus vor allem noch auf dem Experimentieren und Kennenlernen liegt. Das Kauen und auch das Greifen müssen sich erst motorisch entwickeln. Milch dient beim BLW anfangs noch als Hauptnahrungsquelle. Erst wenn größere Mengen gegessen werden, gilt die Mahlzeit als ersetzt. Zum BLW gibt es zahlreiche Bücher, die Ihnen Grundlagen vermitteln oder Rezepte aufzeigen. Ein Vorteil von BLW ist, dass Sie nicht immer Brei mitnehmen müssen, denn fast überall gibt es etwas auf der Speisekarte, was Ihr Kind von Ihnen mitessen kann.

TIPPS FÜR DIE ERSTEN MAHLZEITEN

- Verzichten Sie bis zum Ende des ersten Lebensjahres komplett auf die Zugabe von Salz. Die Nieren Ihres Kindes sind physiologisch noch nicht voll ausgereift und sollten nicht durch Salz im Essen zusätzlich belastet werden.
- Honig oder Ahornsirup können – da Naturprodukte – bakteriell verunreinigt sein, sodass im ersten Lebensjahr gänzlich darauf verzichtet werden sollte, um keine Lebensmittelvergiftung zu riskieren.
- Sämtliche Nüsse sollten zum einen wegen der Verschluckungsgefahr, zum anderen auch wegen ihres hohen allergischen Potenzials gemieden werden, dies gilt insbesondere auch für die zur Familie der Hülsenfrüchte gehörenden Erdnüsse! Hilfreich ist dabei der Blick auf die Inhaltsstoffe auf der Verpackung.
- Viele Hersteller haben Telefonhotlines, die Ihnen bei Fragen zur Zusammensetzung ihrer Produkte weiterhelfen können, wenn Sie unsicher sind.
- Ihr Baby mag selbst gekochten Brei? Prima! Dann können Sie sich wertvolle Zeit sparen, indem Sie große Mengen auf einmal kochen und portionsweise einfrieren (kleine Gefrierbecher, -beutel, Eiswürfelformen), so haben Sie immer etwas zur Hand! Bei –18 °C sind Ihre Breie etwa sechs Wochen haltbar. Kartoffelbreie eignen sich nicht gut zum Einfrieren, sie werden durch den Tiefkühlprozess leicht süßlich.

Achten Sie bitte darauf, dass die Breie unmittelbar nach der Zubereitung eingefroren werden, um die Keimbildung zu unterdrücken und den Vitamingehalt zu schonen. Wenn Sie zum Einfrieren der Breie Eiswürfelbehälter verwenden, können Sie die nach wenigen Stunden tiefgefrorenen Würfel in Gefrierbeutel geben. Sie können daraus dann immer die benötigte Anzahl an „Breipellets" entnehmen. Einmal aufgetaute und/oder aufgewärmte Breie keinesfalls wieder einfrieren, sondern entsorgen.

Zeit für richtiges Essen

Ab dem sechsten bis achten/neunten Monat wird Ihr Kind immer mehr Gefallen an dem Essen seiner Eltern finden, sich also zunehmend für das interessieren, was Sie essen. Manche Kinder haben zu diesem Zeitpunkt schon die ersten Zähnchen und können die Nahrung entsprechend leichter zerkleinern. Auch ist Ihr Kind motorisch oft schon so weit, dass es Lebensmittel greifen und zum Mund führen kann.

Jedoch ist nicht jedes Lebensmittel für den Start geeignet, manche Lebensmittel sind zu hart, glatt oder stark gewürzt und fettreich.

Nicht geeignet sind anfangs harte Gemüsesorten, wie Karotten, Äpfel mit Schale und runde/glatte Lebensmittel wie Trauben oder Tomaten, da die Verschluckungsgefahr einfach zu groß ist. Gut geeignet sind hingegen alle Lebensmittel, die Ihr Kind durch Einspeicheln zerkleinern kann. Das kann Brot ohne Kruste sein, gekochtes Gemüse oder weiches Obst wie Bananenstückchen.

Wenn Sie Ihr Kind auch noch selbst die Lebensmittel nehmen und essen lassen, kann es umso besser deren Form, Konsistenz und Geschmack kennenlernen. Sie werden sehen, mit welcher Begeisterung Ihr Baby dabei ist und seine Fähigkeiten schult, wenn Sie es in Ruhe experimentieren lassen. Sorgen Sie sich aber nicht um Ihre Einrichtung.

Bevor Sie das Essen würzen, sollten Sie für Ihr Kind eine kleine Menge beiseite stellen, denn es sollte noch möglichst ohne Gewürze essen. Eine sehr kleine Menge Salz können Sie aber ruhig hinzugeben oder auch beispielsweise etwas mit Petersilie würzen.

> **BABYS LIEBLINGSESSEN? „NEUES MAG ICH NICHT!"**
>
> Wenn Ihr Baby ca. ab dem sechsten Monat immer mobiler und reger wird, dann zeigt sich das auch beim Essen! Es wird Ihnen ganz deutlich zeigen, was ihm schmeckt und was nicht. Auch hier zeigt sich wieder der Gewohnheitsmensch: Kinder mögen die Speisen am liebsten, die sie schon kennen. Deshalb wird es Ihnen mit Sicherheit auch öfters passieren, dass Ihr Baby etwas Neues ablehnt. Geben Sie nicht zu schnell auf, bieten Sie ihm ruhig das Gleiche mehrfach an. Ihr Kind braucht einfach Zeit, sich mit dem neuen Geschmack anzufreunden.

Gemeinsame Mahlzeiten

Durch das gemeinsame Essen vermitteln Sie Ihrem Kind eine Struktur, wodurch es einen sicheren Anlaufpunkt im Alltag hat. Zudem fördert das gemeinsame Essen das seelische und körperliche Wohl.

Beim Essen geht es nicht nur um die Nahrungsaufnahme, im Hintergrund spielen sich viele soziale Prozesse ab. Ihr Kind lernt Werte und Normen kennen, welche es für seine weitere Entwicklung prägen.

Durch gemeinsame Mahlzeiten, für die Sie sich Zeit nehmen, nimmt Ihr Kind die Mahlzeit bewusster wahr. Es kaut besser, was für die Verdauung förderlich ist, und isst nicht nur nebenbei. Auch hat es ein positives Erlebnis.

Rituale wie ein Tischspruch oder das gemeinsame Tischdecken geben nicht nur Struktur, Sie fördern auch das Zusammensein. Ein Tischspruch könnte zum Beispiel sein: „Piep, piep, piep, wir haben uns alle lieb. Piep, piep, piep, guten Appetit."

Möchte Ihnen Ihr Kind gerne den Löffel aus der Hand nehmen? Oder muss es noch auf sein Essen warten? Dann können Sie ihm entweder einen eigenen Löffel zum Spielen und Probieren in die Hand geben oder ein kleines Spielzeug bereitlegen. Manchmal hilft es auch, einfach mit Ihrem Kind im Gespräch zu bleiben, ihm zu erzählen, was Sie gerade tun.

SCHLAF, KINDCHEN, SCHLAF

Einschlafen und durchschlafen – wie viele Eltern wünschen sich, dass ihr Baby einfach nur friedlich schläft ... Damit es mit dem Schlafen klappt, müssen Sie als Eltern auch Ihren Teil dazu beitragen. Unser Tipp: Halten Sie sich an Rituale. Die sorgen für einen ruhigen Schlaf und ein ausgeschlafenes und fröhliches Kind.

Schlafenszeiten: Was ist „normal"?

Damit Sie als Eltern einen ungefähren Überblick über das Schlafbedürfnis Ihres Kindes sowie die Anzahl der üblichen Mittagsschläfchen bekommen, haben wir diese Übersicht für Sie zusammengestellt. Beachten Sie bitte, dass jedes Kind ein eigenes Schlafverhalten hat und die Zeiten daher stark variieren können. Die Tabelle bietet nur ungefähre Richtwerte.

Durchschnittliches Schlafbedürfnis eines Säuglings und Kleinkindes

Alter des Kindes	Schlafdauer (pro Tag in Stunden bei einem 24-Stunden-Tag)	Nacht-schlaf-stunden	Tagschlaf in Stunden über den gesamten Tag gerechnet	Anzahl der Mittags-schläfchen
3 Monate	15	10	5	3
6 Monate	14,25	11	3,25	2
12 Monate	14	11,5	2,5	2
18 Monate	13,5	11,5	2,25	1
2 Jahre	12,5	11	1,5	1

Eine schöne Schlafatmosphäre

Einschlafen ist ein Ritual. Gleich am ersten Tag zu Hause sollten Sie ein Einschlafritual einführen und auch konsequent beibehalten. Und halten Sie sich wirklich eisern daran, Sie werden die Früchte Ihrer Konsequenz ernten.

Wenn Sie die folgenden einfachen Tipps befolgen, klappt es mit dem Einschlafen bestimmt:

Schaffen Sie eine ruhige Atmosphäre. Sie kennen es wahrscheinlich von sich selber: Sie waren mit Freunden essen oder im Kino und gehen ins Bett und können nicht einschlafen ... Ihrem Baby geht es genauso! Es hat einen aufregenden Tag hinter sich und muss vor dem Schlafengehen erst einmal zur Ruhe kommen. Versuchen Sie spätestens eine Stunde vor dem Zubettgehen, alles in ruhige Bahnen zu lenken. Lesen Sie ihm etwas vor, singen Sie ihm leise ein paar Schlaflieder vor und kuscheln Sie mit ihm. Lassen Sie weder Radio noch Fernseher im Hintergrund laufen. Versuchen Sie die möglichen Reize auf ein Minimum zu reduzieren. So wird Ihr Kind automatisch ruhiger und schläft dann auch besser ein.

Verdunkeln Sie das Zimmer. Ihr Baby soll ja langfristig lernen, dass Dunkelheit gleichbedeutend mit Schlafenszeit ist. Und diesen Prozess sollten Sie tatkräftig unterstützen. Verdunkeln Sie also auch im Hochsommer frühzeitig die Räumlichkeiten und schalten Sie die Lampen aus, damit es wirklich auch schon in Ihrer Wohnung dämmert. Und wenn es dann ins Bett geht, wird das komplette Licht gelöscht. Wenn Sie diese „Lichtschritte" einhalten, konditionieren Sie Ihr Kind sozusagen, und es wird mittelfristig deutlich besser einschlafen.

Lesen Sie eine Gutenachtgeschichte vor. Wenn Sie bereits bei den ersten Nächten zu Hause mit dem Gutenachtgeschichten-Ritual beginnen, auch wenn Ihr Kind die noch nicht versteht, werden Sie feststellen, dass Ihre Stimme dem Baby hilft, langsam einzuschlafen. Und wenn Ihrem Kind während Ihrer kleinen Geschichte die Augen zufallen, können Sie sich ganz entspannt langsam aus dem Zimmer schleichen ...

Ein Bad kann Ruhe bringen. Es kommt vor, dass Ihr Baby einfach nicht einschlafen will oder kann. Eine Kolik, Bauchkrämpfe oder Blähungen machen es dem Kleinkind manchmal nicht so leicht, zur Ruhe zu kommen. Ein warmes Bad kann hier wahre Wunder vollbringen. Aber achten Sie auch hier darauf, dass das Bad beruhigend wirkt und nicht zu einer Schaumparty wird! Sie können schon beim Baden das Licht etwas reduzieren. Warm und müde sollte es dann gleich viel besser mit dem Einschlafen klappen. Aber das Bad muss nicht jeden Abend sein! Sonst will Ihr Kind hinterher nicht mehr ohne Bad einschlafen.

Neugeborene haben natürlich noch keinen festen Schlafrhythmus, aber durch Ihre klaren Vorgaben und die konsequente Einhaltung Ihrer Einschlafrituale werden Sie innerhalb der ersten sechs Wochen feststellen, dass Ihr Baby deutlich schneller und besser einschläft.

So klappt es: Einschlafrituale

Rituale machen viele Dinge für Kinder vorhersehbar. So ist zum Beispiel das gleiche Ritual zum Schlafengehen hilfreich, weil das Kind sich im Laufe der Zeit langsam auf das Zubettgehen vorbereiten kann, es schon weiß, was passieren wird. Gerade bei kleinen Kindern ist es besonders schön, wenn Sie die Zeit vor dem Einschlafen noch gemeinsam verbringen und Zufriedenheit und Entspannung vermitteln.

Dies kann zum Beispiel mit einem Gutenachtlied (selbst wenn Ihr Säugling den Text noch nicht versteht) geschehen. Ein Lied ist nur ein

Beispiel für ein kleines Ritual, welches Ihrem Kind Sicherheit geben wird, selbst wenn es später einmal nicht zu Hause übernachten sollte. Dann können ihm zum Beispiel Oma und Opa das Lied vorsingen.

Auch eine Babymassage kann ein schönes Einschlafritual sein. Näheres dazu finden Sie im Kapitel zur Babymassage.

TIPP: SCHNELLER SCHLAFEN MIT EINEM GUTENACHTLIED

Sie werden staunen, wie gut Ihr Kind einschläft, wenn Sie ihm regelmäßig etwas vorsingen. Sicherlich eines der schönsten und bekanntesten Gutenachtlieder ist „La Le Lu".

La Le Lu nur der Mann im Mond schaut zu,
wenn die kleinen Babys schlafen, drum schlaf auch du.
La Le Lu vor dem Bettchen steh'n zwei Schuh
Und die sind genauso müde, geh'n jetzt zur Ruh.
Dann kommt auch der Sandmann,
leis' tritt er ins Haus,
sucht aus seinen Träumen
dir den schönsten aus.
La Le Lu nur der Mann im Mond schaut zu,
wenn die kleinen Babys schlafen, drum schlaf auch du.

Tipps für eine ruhige Nacht

Neugeborene unterscheiden nicht wie wir Erwachsene zwischen Tag und Nacht. Für Ihr Baby wechseln sich der Tag und die Nacht – Wachsein und Schlaf – im Ein- bis Eineinhalb-Stunden-Rhythmus ab. Für die Nacht sollten Sie deshalb ein paar grundlegende Abläufe einführen:

- Geben Sie die letzte Abendmahlzeit nach Möglichkeit immer zur selben Zeit, auch wenn die vorherige Mahlzeit noch nicht so lange her ist.
- Nutzen Sie die Flasche oder die Brust nicht als Einschlafhilfe, auch wenn es verlockend ist. Ein kleines Kuscheltuch oder Kuscheltier kann ruhig in Reichweite sein.
- Damit Ihr Baby lernt, alleine einzuschlafen, ist es gut, wenn Sie es noch wach ins Bett legen.
- Nachts muss auch nicht unbedingt nach jeder Mahlzeit sofort die Windel gewechselt werden. Wenn es notwendig ist, dann wickeln Sie bei gedämpftem Licht und so leise wie möglich. Die Wickelaktion muss keine Schmusestunde werden.
- Wenn Ihr Baby nachts wach wird und kleine Geräusche von sich gibt, dann nehmen Sie es nicht sofort hoch. Viele Babys geben ein paar Laute von sich, bevor sie dann noch ein paar Minuten oder auch ein ganzes Stündchen weiterschlafen.
- Wenn Ihr Baby schon ein paar Wochen alt ist, können Sie behutsam die Nachtschlafenszeiten verlängern. Versuchen Sie es mit etwas Streicheln, einem Schnuller oder anderer Ablenkung, die jedoch nicht zu wach machen sollte.

Spätestens zwischen dem dritten und sechsten Monat wechselt Ihr Kind die aktive und die Schlafphase im Vierstundentakt. Dann können auch Sie etwas länger am Stück schlafen!

Schlafen im elterlichen Bett

Studien haben ergeben, dass acht von 100.000 Babys ohne erklärbare Ursache im Schlaf in ihrem Bettchen am plötzlichen Kindstod verstarben. Allerdings stieg die Zahl, wenn die Säuglinge im Elternbett schliefen, auf 23 von 100.000. Am stärksten gefährdet sind Säuglinge unter drei Monaten, die im Elternbett schlafen.

EXPERTENTIPP   !

Experten raten, dass Babys von Anfang an im eigenen Bett schlafen und Eltern auf das sogenannte Co-Sleeping verzichten.

Am sichersten schläft Ihr Baby im Beistellbett im Elternschlafzimmer!

Weitere Infos zum plötzlichen Kindstod finden Sie im Kapitel „Die Gesundheit des Babys".

Frischluft im Kinderzimmer

Die ideale Raumtemperatur für das Baby liegt zwischen 16 und 18 °C. Denken Sie daran, das Kinderzimmer immer ausreichend zu lüften. Besser ist gerade in den kalten Zeiten mehrmaliges Stoßlüften. Im Sommer bietet sich vielleicht einfach ein offenes Fenster an, wenn nicht zu viel Lärm hereindringen kann. Auch kann ein Fliegengitter hier sehr gute Dienste leisten.

Achten Sie auch unbedingt darauf, dass es nicht zu Durchzug kommt.

Gut zugedeckt

Ein Schlaf- oder Pucksack ist gerade in den ersten Wochen und Monaten die beste „Zudecke" für Ihr Baby.

Ein Pucksack ist einem Babyschlafsack sehr ähnlich, bietet darüber hinaus allerdings zusätzliche, besondere Eigenschaften, die ein leichtes „Pucken" möglich machen. Der Pucksack bietet Ihrem Säugling eine warme und kuschelige Hülle, ganz wie ein gewöhnlicher Schlafsack. Aber anders als im Babyschlafsack wird Ihr Kind im Pucksack eng eingepackt. Dadurch bietet er weniger Freiraum für unkontrollierte Bewegungen, durch die das Baby wieder wach werden kann.

Bitte beachten Sie:
- Kaufen Sie nur einen dünnen Pucksack. Ihr Baby ist sonst nicht in der Lage, seine Körperwärme ausreichend an seine Umgebung abzugeben.
- Der Pucksack darf nicht so eng sein, dass Nerven abgeklemmt werden oder die Hüfte derart zusammengedrückt wird, dass es zu einer Fehlstellung kommen kann. Achten Sie auch in der Länge auf ausreichend Beinfreiheit!
- Er muss so lose sitzen, dass Ihr Kind noch normal Luft holen und schreien kann. Brustkorb und Bauch müssen sich also ausreichend dehnen können.
- Um eine Blockierung der Atemwege zu vermeiden, darf ein Baby in einem Pucksack niemals auf den Bauch gelegt werden. Sollte es sich alleine von der Rücken- in die Bauchlage drehen können, sollten Sie den Pucksack nicht mehr verwenden!

Grundsätzlich gehören in das Bett Ihres Babys keine Decken, in denen es sich verfangen kann, und in den ersten Lebensmonaten auch kein Kissen. Kuscheltiere und Schmusetücher sollten ebenfalls nicht im Bett liegen, wenn Ihr Kind unbeaufsichtigt ist. Lesen Sie hierzu bitte auch unbedingt das Kapitel zum plötzlichen Kindstod.

Wichtig: das Nachtlicht

Ein Nachtlicht im Kinderzimmer hat viele Vorteile:
- Zum einen vertreibt es „Gespenster". Viele Kinder haben auch später noch gerne ein Nachtlicht.

- Sie können sich selber im dunklen Zimmer besser bewegen und Gegenständen leichter ausweichen.
- Sie können die Kinderzimmertür schließen, sodass das Baby nicht durch Geräusche aus der Wohnung gestört wird.

Schreien lassen?

„Lass das Baby einfach schreien, es beruhigt sich und schläft dann schon wieder ein!" Haben Sie diese Weisheit auch schon gehört? Natürlich schläft ein Baby irgendwann wieder ein – vor lauter Erschöpfung ...

Alle neueren medizinischen und wissenschaftlichen Erkenntnisse zeigen: Babys und Kinder sollte man unter keinen Umständen allein schreien lassen. Schlafprogramme wie „Jedes Kind kann schlafen lernen" oder die „Freiburger Sanduhr-Methode" sind für ganz kleine Babys vollkommen ungeeignet. Ein weinendes Kind benötigt unter allen Umständen eine prompte, liebevolle Zuwendung, um sich wieder stabilisieren zu können. Unterbleibt diese Zuwendung – und dann auch noch längerfristig –, können schwerwiegende Folgen auftreten, die sich möglicherweise sogar bis ins Erwachsenenleben auswirken.

Was Sie tun können, damit Ihr Baby wieder einschläft, lesen Sie im Kapitel zum Thema „Einschlafen".

Tiere im Bett

Hier lautet die kurze und knappe Regel: Hunde, Katzen und alle anderen Tiere haben im Bett Ihres Babys nichts zu suchen!

DIE PFLEGE DES BABYS

Wer kann sich nicht daran erinnern, dass es vor einigen Jahren noch üblich war, Babys jeden Abend zu baden? Intuitiv würde man das selbst Erfahrene und über die Jahre hinweg Gelernte auch bei den eigenen Kindern anwenden. Doch ist das wirklich notwendig?

Die tägliche Körperpflege

Natürlich wollen wir in diesem Ratgeber nicht empfehlen, dass Sie Ihren Nachwuchs über Wochen hinweg nicht waschen sollen. Aber Sie sollten wissen, dass die Babyhaut keine ganz so häufige intensive Wäsche benötigt wie erwartet, damit sich ein wertvoller Schutzfilm auf der Haut bilden kann. Im Folgenden finden Sie ein paar wertvolle Ratschläge zum Thema Baby- und Kleinkindpflege.

DIE WICHTIGSTEN UTENSILIEN FÜR BABYS PFLEGE

- Wickelkommode mit Wickelauflage und Wärmestrahler
- Windeleimer mit Deckel
- Babybadewanne oder Badeeimer, eventuell Wannenständer oder Wannenaufsatz
- Körperpflegemittel nach Absprache mit Hebamme oder Kinderarzt
- Badetücher oder Badecapes, Badethermometer
- Watte, Haarbürste, feine Nagelschere
- Nasensauger zum Entfernen des Nasenschleims
- Wickeltasche für unterwegs

Waschen

Wie oft Sie Ihr Kind waschen müssen, hängt davon ab, wie dreckig es ist – es ist also eine ziemlich individuelle Geschichte!

Trotzdem sollten Sie so früh wie nur möglich mit einer Routine in puncto Waschen beginnen, denn dann prägt sich diese Routine frühzeitig für den Rest des Lebens ein.

TIPP: FESTE WASCHZEITEN

Machen Sie es wie bei sich selber – waschen Sie Ihr Kind einmal morgens, einmal abends und ansonsten nach Bedarf!

Was sollten die festen Waschzeiten beinhalten?

- Waschen mit einem lauwarmen Waschlappen den ganzen Körper: Achten Sie vor allem auf den Intimbereich, die Achseln, die Zwischenräume zwischen Fingern und Zehen und sämtliche Hautfalten, denn in denen sammelt sich der meiste Schmutz.
- Kontrollieren Sie den Körper auf wunde Stellen (Intimbereich, Hautfalten) und cremen Sie sie gegebenenfalls ein.
- Kämmen bzw. massieren Sie den Babykopf mit einer weichen Babybürste.
- Wenn Ihr Kind schon einen Zahn oder mehrere Zähne hat, darf die Zahnpflege nicht fehlen.
- Eincremen? Die Babyhaut ist in der Regel perfekt so, wie sie ist, sollte Ihr Kind jedoch sehr trockene Haut haben, können Sie ab und an nach dem Baden ein spezielles Babyöl für die Hautpflege verwenden.

> **EXPERTENTIPP**
>
> Nehmen Sie stets Feuchttücher (ohne Alkohol, Parfum und Konservierungsstoffe) mit, Sie ahnen gar nicht, wie schnell Babyfingerchen schmutzig und klebrig werden.

Baden

Auch wenn es früher üblich war, die Säuglinge jeden Tag zu baden: ein Babybad zwei- bis dreimal pro Woche reicht. Die meisten Babys genießen diese Badezeit, da das warme Nass sie an die Zeit im Mutterbauch erinnert.

Wenn die Nabelschnurreste abgefallen sind und der Bauchnabel verheilt ist, dürfen Sie Ihren Säugling baden. Warten Sie diese Zeit noch ab, dann besteht kein Infektionsrisiko mehr an der Wunde.

Wenn Ihr Baby unter Koliken und Blähungen leidet und besonders gut auf eine warme Wanne reagiert, kann es natürlich sinnvoll sein, wenn Sie Ihr Baby häufiger baden. Achten Sie hier aber auf eine besonders gute Pflege der Haut!

Baden Sie Ihr Baby nur, wenn es entspannt ist. Wenn es schon den ganzen Tag quengelig ist, wird es das Bad wahrscheinlich nicht genießen können und es wird für alle Parteien die reinste Quälerei. Baden Sie Ihren Säugling nicht, wenn er hungrig ist, er nach dem Essen einen vollen Magen hat oder wenn er schon vor Müdigkeit ganz quengelig ist.

Vor dem Bad:

- Die Badeumgebung sollte stimmen. Sprich: Heizen Sie eventuell das Badezimmer vor und achten Sie darauf, dass das Badewasser die richtige Temperatur hat (37 bis 38 °C). Diese können Sie leicht mit einem speziellen Badethermometer bestimmen.
- Legen Sie Handtücher, Windeln und frische Wäsche parat, damit Sie Ihren Nachwuchs nach dem Bad direkt abtrocknen und anziehen können.

In der Regel reicht klares Wasser vollkommen aus, ein Seifenzusatz ist nicht nötig. Wenn Ihr Baby unter trockener Haut leidet, können Sie ein wenig Muttermilch (ein Allheilmittel) ins Wasser geben oder ein spezielles Babyöl.

Baden Sie Ihr Baby nicht länger als fünf bis zehn Minuten, das reicht vollkommen aus. Nach dem Bad trocknen Sie es gründlich ab, achten Sie vor allem auf die Hautfalten!

So setzen Sie Ihr Baby sicher in die Wanne: Schieben Sie den linken Unterarm unter den Nacken und umfassen Sie mit der Hand den linken Oberarm Ihres Babys. Ihre rechte Hand schiebt sich zunächst unter den Po, sodass Sie Ihr Kind gut halten können.

In der Wanne braucht Ihr Kleinkind Kontakt, entweder mit dem Po auf dem Wannenboden oder mit den Füßen am Rand. Sie können es nun mit der linken Hand halten und es mit der rechten Hand waschen. Achten Sie dabei auch wirklich auf alle Hautfalten. Starten Sie mit Ober- und Unterkörper, erst dann folgen Arme, Beine und Füßchen. Zum Schluss waschen Sie das Gesicht und den restlichen Kopf.

> **EXPERTENTIPP**
>
> Vergessen Sie beim Baden nie, Ihrem Kind durch Singen oder Faxenmachen Spaß zu bereiten. Baden soll ein tolles Erlebnis sein und auch bleiben.

Sie wollen Zeit sparen und das Baby mit in die Dusche nehmen? Warten Sie damit auf jeden Fall die ersten Monate oder bis Sie mit Ihrem Kind beim Babyschwimmen sind. Ihr Baby wird sich mit Sicherheit erschrecken, wenn auf einmal Wasser von oben auf seinen Kopf prasselt. Wenn Sie dann mit der Dusche starten, dann achten Sie darauf, dass kein Wasser auf den Kopf regnet und auch nicht in Augen und Ohren spritzt. Sie wollen ja langfristig noch viel Spaß mit dem Kind in der Dusche haben.

Windeln

Beschäftigen Sie sich mit dem Thema, ob Sie Stoffwindeln oder Wegwerfwindeln für Ihr Baby verwenden sollen? Angesichts wachsender Müllberge ist dies sicher eine wichtige Überlegung. Wussten Sie, dass in Deutschland jeden Tag acht Millionen Windeln weggeworfen werden?

Die klassischen Wegwerfwindeln haben viele Vorteile: Sie sind praktisch, halten die Kleinen viele Stunden zuverlässig trocken, selbst in der Nacht. Auch verfügen sie über ausreichend Bewegungsfreiheit zum Krabbeln und Spielen.

Die etwas ökologischere Variante sind Ökowegwerfwindeln, die mittlerweile genauso gut funktionieren wie die klassischen Wegwerfwindeln. Diese Ökowegwerfwindeln werden in der Regel aus nachwachsenden

Rohstoffen hergestellt, manche davon können sogar kompostiert oder über die Biotonne entsorgt werden. Ein weiterer Pluspunkt sind hypoallergene Ökowegwerfwindeln, die ohne Duftstoffe, Latex oder Zusätze von Chemikalien auskommen und damit auch für Babys mit empfindlicher Haut oder Neurodermitis geeignet sind.

Wenn Sie noch weniger Müll produzieren möchten, könnten Sie alternativ Stoffwindeln verwenden. Stoffwindeln benötigen Übung beim Anlegen und sind zunächst nicht ganz einfach in der Handhabung, besonders auch unterwegs. Sie produzieren aber unter dem Strich deutlich weniger Müll. Bedenken Sie jedoch, dass die Ökobilanz durch das häufige Waschen nicht positiv ausfällt.

Die Entscheidung für eine dieser Varianten können wir Ihnen leider nicht abnehmen. Es spricht nichts dagegen, die einzelnen Varianten je nach Einsatzort, Zeit und Zweck zu kombinieren. So kann es zum Beispiel sinnvoll sein, unterwegs und nachts Wegwerfwindeln zu verwenden und tagsüber auf Stoffwindeln zurückzugreifen.

Haben Sie auch schon mal darüber nachgedacht, ganz auf Windeln zu verzichten? Auch dies ist ein möglicher Ansatz, die überwiegende Anzahl der Babys weltweit wächst komplett ohne Windeln auf.

Wickeln

Beim Windelwechsel gilt: Bei Neugeborenen sollten Sie die Windel nach jeder Mahlzeit wechseln, spätestens jedoch alle sechs Stunden. Wenn Ihr Kleinkind allerdings gerade schläft, dann lassen Sie es bitte schlafen!

Alles in allem kommen Sie so täglich auf sieben bis acht Windeln, bei älteren Babys auf etwa fünf.

Für kleine wie auch etwas größere Kinder gilt die Regel: Nach dem Stuhlgang sollten Sie die Windel so schnell wie möglich wechseln!

> **EXPERTENTIPP**
>
> Vor dem Stillen ist der Windelwechsel meist wenig sinnvoll, da oft zehn Minuten später der Stuhlgang kommt.

Lassen Sie Ihr Kind ruhig mal nach der Reinigung eine Weile nackt ohne Windel liegen, krabbeln oder laufen, dies ist eine neue Erfahrung für Ihr Kind und auch für die natürliche Entwicklung eines gesunden Körperbewusstseins förderlich.

Pflegetücher oder Waschlappen?

Babypflegetücher sind ziemlich praktisch, sie sind Waschlappen und Wasser in einem sowie äußerst praktisch und hygienisch, wenn Sie unterwegs sind.

Zu Hause sollten Sie die umweltfreundlichere Variante mit klarem warmem, Wasser und Waschlappen bevorzugen. Denn diese Methode reizt die Haut weniger und ist auch deutlich günstiger.

Achten Sie beim Kauf von Pflegetüchern unbedingt darauf, dass Sie sensitive Tücher ohne Öl und ohne Parfüm wählen. Diese sind besonders hautverträglich. Setzen Sie diese Pflegetücher sparsam ein, um den Schutzmantel der Babyhaut nicht unnötig zu strapazieren. Entsorgen Sie anschließend die Tücher im Müll und nicht in der Toilette, da sie nur schwer abbaubar sind.

EXPERTENTIPP !

Wenn nur Urin in der Windel war, reicht es, den Babypopo mit klarem Wasser zu säubern. Sollte der Po mit Stuhlresten verklebt sein, können Sie erst den Stuhl mit weichem Toilettenpapier, Pflegetüchern oder der Windel reinigen und dann zu warmem Wasser und Waschlappen übergehen.

Ganz wichtig: den Popo immer gut abtrocknen!

Ablenkungsmanöver auf dem Wickeltisch

Die Windel ist voll und Ihr Baby dreht und windet sich auf dem Wickeltisch – verständlich: Still auf dem Rücken zu liegen ist langweilig.

Nach unseren Recherchen machen fast alle Eltern dieselben Erfahrungen. Manche Tricks helfen eine Zeit lang und manche klappen anscheinend nur beim Nachbarkind. Probieren Sie einfach aus, welche Tipps und Tricks bei Ihnen funktionieren.

Hier finden Sie hier einige Anregungen anderer Mütter, wie Sie Ihr Kind beim Wickeln ablenken und beruhigen können:

- Renate zieht ihrem Kind schon auf dem Weg zum Wickeltisch die Windel aus, damit die Zeit dort möglichst kurz ist.
- Beim Ausziehen auf dem Tisch wirft Susanne alle Kleidungsstücke des Babys nacheinander auf dessen Gesicht. So ist es mit Abräumen beschäftigt.
- Birgit und Günther benutzen eine Wickeltröte. Die Plastiktröte zum Tröten in den Mund stecken und Musik machen – so haben Sie die Hände frei und können gleichzeitig Ihr Kind bespaßen. Funktioniert auch hervorragend mit Luftrüsseln!

- Judith singt zur Verblüffung ihres Kindes englische Kinderlieder. Die klingen offensichtlich so anders, dass der Sohnemann verdutzt zuhört und sich wickeln lässt.
- Julia hat entdeckt, dass die elektrische Zahnbürste ein toller Trick ist. Ihr Sohn darf beim Wickeln eine elektrische Zahnbürste festhalten. Die vibriert immer so toll, ihr Kind liebt das und ist ganz still vor Verzückung.
- Ilkas Devise lautet: Möglichst dämlich! Sie macht immer etwas anderes – mal einen Cremepunkt auf die Nase, dann pfeift sie ein Liedchen, dann imitiert Sie einen Kuckuck oder sie gibt ihrem Sohn einen kleinen Spiegel oder eine Knistertüte in die Hand. Sie hat sich auch schon eine Strumpfhose auf den Kopf gesetzt und den Kopf bewegt, dass sich die Beine wie Propeller bewegen ...
- Manchmal reicht aber auch einfach ein Quietschetier oder das Mobile über dem Wickeltisch!

Was Sie bei den verschiedenen Geschlechtern beachten müssen

Bei kleinen Jungen reicht es, wenn Sie den Penis abwischen. Achten Sie darauf, dass Sie die Vorhaut nicht zurückschieben, da diese noch nicht elastisch ist. Kontrollieren Sie jedoch regelmäßig, ob es unter der Vorhaut eventuell eine leichte Entzündung gibt.

Wenn Sie Ihre Tochter reinigen, dann wischen Sie bitte immer von vorne nach hinten. So vermeiden Sie, dass Darmbakterien in die Vagina gelangen, die zu Entzündungen führen können. Achten Sie ebenso darauf, dass Sie alle Hautfalten sorgfältig säubern, damit es keine Entzündungen gibt. Die Vagina selbst sollten Sie sehr vorsichtig reinigen, in dem Sie sie am besten lediglich abtupfen und das auch nur, wenn dort Stuhlreste kleben sollten. Zu häufiges Wischen reizt unnötig.

Das hilft gegen einen wunden Po

Fast jedes Kind leidet im Wickelalter mal unter einem wunden Po – das kann von leichten Rötungen bis hin zu starken Schwellungen und blutigen, entzündeten Hautpartien reichen. Den Babys tun dann jede Berührung und natürlich die Feuchtigkeit in der Windel unheimlich weh – deshalb ist es an nun an Ihnen, schnell herauszufinden, woher der wunde Po kommt, und für Linderung zu sorgen.

Ursachen können sein:
- Ihr Baby hat zu lange in seiner vollen Windel gelegen.
- Es reagiert auf ein neues Produkt. Haben Sie eine andere Windelmarke ausprobiert oder ein neues Hautpflegeprodukt verwendet?
- Ihr Baby zahnt. Wenn Babys zahnen, haben sie häufig Durchfall, dieser Stuhl ist sehr säuerlich und reizt die Haut unheimlich.
- Ihr Baby reagiert auf bestimmte Nahrungsmittel. Viele Obstsorten (Orangen, Zitronen, Erdbeeren) werden von kleinen Kindern nicht so gut vertragen. Bei Stillkindern muss die Mutter überlegen, was sie eventuell gegessen haben könnte – Stillkinder haben jedoch deutlich seltener einen wunden Po.

Was verschafft schnelle Linderung?
- Regelmäßiges Wickeln ist jetzt ganz wichtig – auf jeden Fall direkt nach jedem Stuhlgang!
- Verzichten Sie auf Reinigungstücher, verwenden Sie erst einmal nur klares Wasser, tupfen Sie hinterher alles vorsichtig sauber. Man kann den Po auch mal auf geringer Stufe „trocken föhnen".
- Frische Luft tut besonders gut – lassen Sie Ihr Kind so oft wie möglich mit nacktem Po sein!
- Cremen Sie nach dem Wickeln die wunden Stellen mit einer zinkhaltigen Creme ein, auch eine bepanthenolhaltige Salbe ist empfehlenswert – diese jedoch nur dünn auftragen, da ansonsten die Windel die Flüssigkeit nicht mehr so gut aufsaugen kann.

- Probieren Sie eventuell mal eine andere Windelsorte.
- Kochen Sie schwarzen Tee, den Sie lange ziehen lassen. Wenn dieser abgekühlt ist, betupfen Sie die wunden Bereiche damit und lassen den Po an der Luft trocknen. Schwarzer Tee enthält Gerbstoffe, die entzündungshemmend wirken und die Haut ein wenig austrocknen.

Fragen Sie Ihre Hebamme und/oder wenden Sie sich an Ihren Kinderarzt, wenn Ihnen diese Tipps nicht weiterhelfen.

Nabelpflege

Der Nabel des Babys scheint besonders verletzlich zu sein. Damit der Heilungsprozess gut und schnell abläuft, ist es wichtig, ihn richtig zu pflegen. In der Regel kümmert sich um diese wichtige Aufgabe die Hebamme bei ihren täglichen Besuchen. Aber auch Sie sollten die wichtigsten Punkte rund um die Nabelpflege kennen.

> **EXPERTENTIPP**
>
> Einer der wichtigsten Punkte: den Nabel trocken halten.

Es gibt hier zwei Techniken: Einige Hebammen halten den Nabel trocken, indem sie ihn mit einer Nabelbinde oder einer Kompresse verbinden, andere verbinden den Nabel überhaupt nicht, sondern lassen ihn offen abheilen, damit möglichst viel Luft daran kommt.

Wichtig ist aber auf jeden Fall, dass er immer trocken ist.

Vermeiden Sie, dass Urin den Nabel zum Beispiel durch eine randvolle Windel verunreinigt. Schlagen Sie hierzu einfach den Rand der Windel vorne um, damit mehr Luft an den Nabel herankommen kann.

So kann auch der Windelrand nicht am Nabel scheuern und es gelingt kein Urin an den abheilenden Nabel.

Tut der Nabelschnurstummel dem Baby weh?

Wenn Sie sich fragen, ob Sie Ihrem Baby wehtun können, wenn Sie an den Nabelschnurstummel kommen, dann lautet die klare Antwort: Nein! Der Nabelschnurrest enthält keinerlei Nerven, die Ihrem Baby Schmerzen bereiten könnten.

Nabel: Wann muss ich mit dem Baby zum Arzt gehen?

Wenn Sie Anzeichen für eine Nabelentzündung sehen, müssen Sie mit Ihrem Kind unbedingt zum Arzt. Für eine Nabelentzündung spricht, wenn sich die Haut um den Nabel rot verfärbt oder der Nabel sogar blutet oder schon eitrig ist. Sie sollten ebenfalls Ihren Kinderarzt konsultieren, wenn der Nabel vorgewölbt ist oder „übel" riecht.

Nagelpflege

Alle Eltern kennen den Kampf, wenn es darum geht, Fuß- und Fingernägel zu schneiden. In den ersten Monaten nach der Geburt fallen die Nägel noch in regelmäßigen Abständen von selbst ab – meist erst, wenn Ihr Baby sich selbst oder Sie gekratzt hat.

Spätestens mit sechs Monaten sollten Sie damit anfangen, Ihrem Säugling die Nägel regelmäßig zu schneiden, da es nicht schön ist, wenn Sie oder Ihr Kleines überall Kratzspuren haben.

Aber wie stellen Sie das am besten an? Gerade Babys verstehen es nicht, dass sie vorübergehend Hände und Füße stillhalten sollen, und wehren sich mit aller Kraft, wenn Sie versuchen, sie festzuhalten.

> **EXPERTENTIPP**
>
> In diesem Alter schneiden Sie die Nägel am besten, während Ihr Baby schlafend in Ihrem Arm liegt. Legen Sie eine altersgerechte Nagelschere beim Stillen oder Füttern in Griffnähe und legen Sie los, sobald es satt und zufrieden eingeschlafen ist. Im Schlaf bekommt es rein gar nichts vom Nägelschneiden mit, und Sie können Ihre Nerven schonen, da Sie der Auseinandersetzung aus dem Weg gegangen sind.

Ohrenpflege

Die Ohren des Babys zu reinigen bereitet vielen Eltern offensichtlich Kopfzerbrechen. Dabei ist es ganz einfach und es gibt einen entscheidenden wichtigen Tipp: *Verwenden Sie keine Wattestäbchen!*

Das Ohr des Babys reinigt sich im Grunde selbst. Der Ohrenschmalz wird mithilfe von kleinen Härchen aus dem Ohr von ganz alleine nach außen transportiert. Wenn Sie mit Hilfsmitteln im Inneren des Gehörgangs herumstochern, stören Sie dieses empfindliche Selbstreinigungssystem.

Aber noch viel gefährlicher ist es, wenn Sie als Eltern mit einem Wattestäbchen in den Ohren Ihres Babys hantieren, denn dann ist die Gefahr groß, dass die Gehörgänge – zum Beispiel durch eine ruckartige Bewegung des Kindes – beschädigt werden. So kann es schnell zu einer schmerzhaften Verletzung des Trommelfells kommen.

Für die Ohrenpflege reichen also ein Waschlappen und warmes Wasser vollkommen aus! Reinigen Sie damit das äußere Ohr und die Ohrmuschel sanft mit dem lauwarmen Wasser und etwas hautfreundlicher Seife. Schauen Sie auch hinter dem Ohr nach, ob sich dort Ablagerungen gebildet haben. Wischen Sie diese ebenfalls mit dem feuchten Waschlappen behutsam ab. Vermeiden Sie möglichst, dass Wasser in das Ohr hineingelangt, da Kinder das meist als unangenehm empfinden.

Zähneputzen

Da die Milchzähne ein wichtiger Platzhalter für das spätere Gebiss sind, sind eine rechtzeitige Pflege und eine Förderung der Zahngesundheit auch hier schon eine sehr wichtige Sache. Aus Zahnsicht ist die Abgewöhnung der Flasche ab einem Jahr zu empfehlen. Schnabeltasse oder Becher fördern die Entwicklung eines gesunden Gebisses. Verzichten Sie nach Möglichkeit auf häufige süße Zwischenmahlzeiten, da diese den Zahnschmelz stärker belasten. Nach Abschluss der Mahlzeiten ist ein Mundspülen mit einem Glas Wasser ebenfalls empfehlenswert.

Das Zähneputzen sollte nicht direkt nach der Mahlzeit erfolgen, sondern erst eine halbe Stunde später, da der Zahnschmelz noch durch die Mahlzeit aufgeweicht ist.

Da es auch in den ersten Jahren wichtig ist, auf die Pflege der ersten Zähne zu achten, ist eine zahngesunde Ernährung empfehlenswert. Kleine Kinder nehmen in ihren ersten drei Jahren sehr wenig Speisesalz zu sich. Sie benötigen deshalb eine Fluoridsupplementierung mit Tabletten. Sprechen Sie die Dosierung mit Ihrem Kinderarzt nach der Fluoridanamnese ab. Auch sollen Milch und Käse kariesvorbeugend wirken, da das Casein der Milchprodukte im Mund mit Kalzium und Phosphat für eine Remineralisierung des Zahnschmelzes sorgt.

> **! EXPERTENTIPP**
>
> Tabletten mit Fluorid sollten Sie Ihrem Kind nicht verabreichen! Das ist veraltet, auch wenn manche Kinderärzte es immer noch empfehlen. Sinnvoll ist es, die ersten Zähne mit fluorierter Zahncreme zu putzen.
>
> Unterstützen Sie die Zahnpflege Ihres Kindes durch anschließendes Nachputzen. Kinder sind motorisch noch nicht so weit, dass sie eine gründliche Pflege alleine hinbekommen.

Schon im ersten Lebensjahr des Babys sollten Sie es spielerisch an die Zahnbürste gewöhnen, denn Zähne brauchen Pflege von Anfang an. Ganz wichtig: Verzichten Sie dabei auf jeden Druck und Zwang, um Ihrem Sprössling nicht langfristig das Putzen zu verleiden.

Reinigen Sie auch schon den ersten Milchzahn einmal täglich, am besten klappt das abends vor dem Schlafengehen, mit einem kleinen nicht zu dicken sauberen Baumwollläppchen oder auch einem Taschentuch, das Sie mit warmem Wasser angefeuchtet haben. Reiben Sie so mit Daumen und Zeigefinger jedes Zähnchen einzeln ab und dabei etwas hin und her. So reinigen Sie gleichzeitig Vorder- und Rückseite. Sie müssen hierbei noch keine Zahnpasta benutzen.

Es gibt mittlerweile Beißringe mit integrierter Zahnbürste, die eine Gewöhnung ermöglichen. Denken Sie daran, dass sich Ihr Kind erst einmal an die Berührung im Mund gewöhnen muss und die Zahnleisten noch sehr empfindlich sind – besonders dann, wenn ein neues Zähnchen ans Licht gekommen ist.

Ab 18 Monaten können Sie die erste Kinderzahnbürste kaufen. Es gibt eine große Auswahl an geeigneten Bürsten mit kleinem Bürstenkopf und rundem Borstenfeld. Die höchstens mittelharten Kunststoffborsten sollten kurz und an den Spitzen abgerundet, der Griff für Kinderhände etwas dicker sein. Es gibt spezielle, ergonomisch geformte und an jedes Lebensalter hervorragend angepasste Zahnbürsten.

Ideal sind natürlich elektrische Zahnbürsten, da hier ein falsches Bürsten nicht so einfach ist und das Kind vielleicht auch mehr Spaß an der Reinigung der eigenen Zähne hat.

Lassen Sie Ihr Kind nach Möglichkeit selber putzen und reinigen Sie anschließend noch nach. Vielleicht putzen Sie gemeinsam die Zähne und machen ein Spiel daraus.

Sie könnten zum Beispiel das Zirkusspiel spielen: Bei diesem Spiel ist Ihr Kind ein wilder Zirkuslöwe, der ganz gefährlich sein Maul aufreißt und alle Zähne zeigt. Als Dompteur sind Sie dann auf der Jagd nach den kleinen Zahngeistern, die Sie mit der Zahnbürste vertreiben können. Überlassen Sie Ihrem Kind die Kontrollfunktion: Es soll aufpassen und im Spiegel kontrollieren, ob Sie einen Zahn vergessen! Es wird genau hinsehen und seinen Spaß dabei haben, wenn es Sie bei einem (absichtlich) vergessenen Zahn erwischt!

WENN IHR BABY EIN ZAHNPUTZMUFFEL IST

Wenn Sie täglich Stress mit Ihrem Kind bekommen, weil es ein Zahnputzmuffel ist, dann vereinbaren Sie zumindest eine tägliche und gründliche Zahnputzaktion, statt zweimal täglich nur eine oberflächliche Reinigung vorzunehmen.

Alle Kinder gehen durch diese „Zahnputzmuffel-Zeit", aber alle Kinder gehen auch durch die „Anziehmuffel-Zeit". Die lassen Sie Ihrem Kind ja auch nicht durchgehen. Also ran an die Zähne Ihres Kindes! Später werden Sie über die richtige Zahnpflege dankbar sein.

Um Karies wirksam zu vermeiden, muss der Zahnbelag einmal am Tag komplett entfernt werden.

BABYMASSAGE

Eine Massage ist für die meisten Babys etwas ganz Tolles: In entspannter Atmosphäre bekommen sie ganz viel Nähe und Zuwendung. Hebammen bieten in den meisten Städten spezielle Babymassage-Kurse an. Dort bekommen Sie die wichtigsten Grundtechniken gezeigt und üben unter fachkundiger Anleitung die Griffe, die Sie zu Hause dann jederzeit anwenden können. Natürlich können Sie Ihr Baby auch massieren, ohne einen solchen Kurs besucht zu haben. Wir sagen Ihnen, wie.

Verwöhnprogramm für die Kleinsten

Wenn Ihr Kind noch sehr klein ist, sollten Sie es nicht länger als fünf Minuten und auch weniger umfangreich massieren. Die unten aufgeführte Technik eignet sich ab dem dritten Monat. Ideal sind dann ca. 15 Minuten täglich.

Achten Sie immer auf die Anzeichen, die Ihr Baby Ihnen gibt. Wenn es unruhig wird, während Sie es massieren, sollten Sie auf jeden Fall aufhören. Zudem sollte es ausgeschlafen sein und keinen Hunger haben.

Das Massieren und Streicheln fördert die Wahrnehmung des Babys und vertieft eine liebevolle intensive Bindung zwischen sich und seinen Eltern. Zudem wird es durch die sanften, liebevollen Berührungen gesundheitlich stabiler. Ein entspannter Schlafrhythmus, Wohlbefinden und die Gesundheit werden gefördert und das Immunsystem gestärkt.

Was Sie für eine Babymassage brauchen:
- Eine weiche, dicke Unterlage,
- eines oder mehrere Handtücher,
- eine warme Raumtemperatur,
- rein pflanzliches Öl (parfumfrei, z. B. Avocado-, Mandel- oder Jojobaöl) als Massageöl; wichtig ist, dass Sie dieses vorher anwärmen oder zwischen Ihren Händen verreiben,
- eventuell entspannende Musik,
- Zeit und Freunde, sich auf Ihr Kind einzulassen und gemeinsam mit ihm entspannen können.

EXPERTENTIPP

Legen Sie Ihr Kind immer auf eine Wickelunterlage und halten Sie ein Handtuch und Feuchttücher bereit, denn Babys entspannen oft sehr stark. Dann passiert es sehr häufig, dass die Verdauung einsetzt.

Babymassage – so geht's

Legen Sie einen immer gleichen Ablauf fest. Es beruhigt Ihr Baby, wenn es weiß, was passiert und als Nächstes kommt.

1. Brust: Beginnen Sie die Massage mit der Brust. Legen Sie beide Hände rechts und links neben das Brustbein, warten Sie einen Moment, bis Ihr Baby sich daran gewöhnt hat, und streichen Sie dann zu beiden Seiten in Richtung der Rippen aus, als würden Sie die Seiten eines Buches glatt streichen. Kommen Sie in einem Bogen wieder zurück zur Mitte.

Wiederholen Sie diese Bewegung ein paar Mal und enden Sie am Brustbein.

2. Arme: Von der Brust wandern Sie zu einem Arm. Halten Sie mit einer Hand sanft das Handgelenk fest und streichen Sie mit der anderen Hand in einer gleichmäßigen Bewegung von der Schulter bis zum Handgelenk. Wiederholen Sie die Bewegung, dann können sich die Hände in einem gleichmäßigen Rhythmus abwechseln.

Umschließen Sie mit beiden Händen den Arm (eine Hand um den Oberarm, eine Hand um den Unterarm) und drehen Sie sanft Ihre Hände gegengleich vor und zurück. Lassen Sie Ihre Hände dabei sanft zum Handgelenk gleiten.

3. Hand/Finger: Greifen Sie eine Hand und streichen Sie die Innenfläche mit Ihren Daumen aus, ebenso jeden einzelnen Finger aus. Dazu gehen Sie sanft über die Gelenke bis hin zur Fingerspitze. Drücken Sie zart jeden einzelnen Finger mit Ihrem Daumen und Zeigefinger. Wenn Sie möchten, können Sie dazu einen kleinen Fingerreim aufsagen.

Wechseln Sie anschließend den Arm und wiederholen Sie die Schritte 2 und 3 auf der anderen Seite.

4. Bauch: Den Bauch massieren Sie sanft großflächig mit kreisenden Bewegungen am besten im Uhrzeigersinn um den Bauchnabel (das bietet sich auch besonders bei Koliken an). Sie können die Massage über das linke Bein ausfließen lassen, um dem Verlauf des Dickdarms zu folgen. So können Sie Blähungen lindern.

Mit beiden Händen im Wechsel streichen Sie anschließend vom Rippenbogen abwärts. Eine Hand folgt dabei der anderen.

5. Beine: Mit einer Hand halten Sie, wie beim Arm, das Fußgelenk und mit der anderen umschließen Sie sanft den Oberschenkel. Streichen Sie zart vom Oberschenkel bis zum Sprunggelenk. Die Hände wechseln Sie im gleichmäßigen Rhythmus ab.

6. Füße/Zehen: Streichen Sie langsam mit dem Daumen die Fußsohle von der Ferse bis zu den Zehen. Es kann sein, dass Sie dabei den Fußgreifreflex auslösen. Dann warten Sie einen Moment, bis die Fußsohle sich wieder entspannt. Die Zehen massieren Sie einzeln, genau wie die Finger.

Dann wechseln Sie die Seite und wiederholen die Schritte 5 und 6.

7. Gesicht: Streichen Sie Ihrem Baby mit beiden Daumen oder Zeige- und Mittelfinger von der Mitte aus nach rechts und links sanft über die Stirn. Dann streichen Sie von den Nasenflügeln zu beiden Seiten über die Wangen bis zu den Ohren. Wiederholen Sie die Bewegung oberhalb der Oberlippe und am Kinn.

Sie können abschließend sanft die Ohrläppchen mit Daumen und Zeigefinger in kreisenden Bewegungen massieren.

8. Rücken: Drehen Sie Ihr Baby auf den Bauch. Streichen Sie mit beiden Händen abwechselnd über den Rücken, von den Schultern bis zum Po, wenn Sie möchten auch bis zu den Füßen.

Wichtig bei allen Massagegriffen ist, dass eine Hand immer den Kontakt zu Ihrem Baby hält.

9. Abschluss: Nach der Massage drehen Sie Ihr Baby wieder auf den Rücken und streichen langsam aus. Dazu streichen Sie sanft vom Kopf über das Gesicht, zu beiden Schultern und Händen. Dann über den Bauch und zu beiden Beinen bis zu den Füßen.

Das wiederholen Sie zwei- bis dreimal, bevor Sie die Massage beenden und Ihr Baby wieder anziehen.

BABYS SINNE

Die Sinne Ihres Kindes entwickeln sich jeden Tag ein bisschen weiter. Bei seiner Geburt kann es zwar schon hören, das hat es bereits im Mutterleib gelernt, das Sehen aber entwickelt sich viel langsamer. Wir erklären Ihnen, wie Sie die Entwicklung der Sinne Ihres Babys fördern können.

Fühlen und Spüren

Wenn Säuglinge auf die Welt kommen, können sie nur reflexartig greifen und somit ihre Umwelt noch nicht genau mit ihren Händen untersuchen. Aber auch ohne den gesteuerten Einsatz der Hände steht schon ab der Geburt das Fühlen bei Babys hoch im Kurs.

Ihr Säugling nimmt zum Beispiel Temperaturschwankungen wahr. Dies hilft ihm unter anderem bei der Suche nach der Brustwarze, denn diese ist viel wärmer als der Rest der Brust. Außerdem spürt es jede Berührung und erkennt deutlich den Unterschied zwischen Papas behaartem Arm und dem Plüschbären.

> **EXPERTENTIPP**
>
> Lassen Sie Ihr Kind so oft wie möglich nackt liegen, streicheln Sie es, pusten Sie es an und massieren Sie es. Dieses Fühlen wird Ihr Kind sehr genießen und Sie mit Sicherheit auch.

Hören

Schon im Mutterleib hat Ihr Kind Sie gehört und reagiert direkt nach der Geburt auf Ihre Stimme. Sie müssen nicht übermäßig leise sein oder Angst davor haben, dass z. B. ein Motorengeräusch Ihr Kind erschreckt. Denn all diese Geräusche hat es, zwar ein wenig gedämpft, im Mutterleib wahrgenommen.

Riechen

Das Näschen Ihres Babys ist direkt nach der Entbindung schon startklar zum Einsatz. Allein durch den Geruch kann es seine Mutter erschnüffeln und findet durch den süßlichen Geruch der Muttermilch auch direkt zur Brust.

> **EXPERTENTIPP**
>
> Versuchen Sie die ersten Monate auf parfümierte Seifen, Shampoos, Deos und Waschmittel zu verzichten, denn Ihr Baby erkennt Sie durch Ihren ganz eigenen Geruch. Wird dieser wird durch andere Düfte überlagert, kann es sein, dass Ihr Säugling irritiert reagiert.

Schmecken

Fast genauso stark wie der Geruchssinn ist der Geschmackssinn bei Ihrem Baby ausgeprägt. Ihr Säugling weiß sofort, was ihm schmeckt: alles, was süß ist, denn Muttermilch ist süß! Dies dient auch dem Schutz des Säuglings: Sollte ihm einmal ein anderer Geschmack zwischen die Lippen kommen, wird er versuchen, diesen so schnell wie möglich wieder loszuwerden und auf gar keinen Fall schlucken.

Sehen

Das Sehen des Kindes entwickelt sich erst langsamer. Nach der Geburt kann es nur etwa 20 bis 30 cm weit sehen, aber in dieser Umgebung betrachtet Ihr Kind alles ganz genau. Lächeln Sie Ihr Kind aus dieser Entfernung an, wird es wahrscheinlich versuchen, dieses Lächeln nachzuahmen.

Förderung von Babys Sinnen

Sie können Ihrem Säugling bei der Entwicklung seiner Sinne helfen. Hier einige Tipps:
- Bieten Sie Ihrem Baby von Anfang an viele Sinneswahrnehmungen und vor allem Wiederholungen dieser. So können sie erlernt und später wieder abgerufen werden.
- Hetzen Sie Ihr Kind nicht, sondern geben Sie ihm die Zeit, die es braucht, um z. B. einen bestimmten Gegenstand immer und immer wieder gründlich zu untersuchen. So speichert es wertvolle Informationen ab, die es den Rest seines Lebens benötigen könnte.
- Wenn Ihr Kind etwas schon gelernt hat, lassen Sie es bitte das Erlernte auch weiterhin eigenständig tun. Denn so entwickelt sich die Zielstrebigkeit, die dazu führt, dass es immer wieder neue Dinge kennenlernen und ausprobieren möchte.
- Geben Sie Ihrem Kind auch wenn es älter wird die Möglichkeit, immer wieder neue Sinneserfahrungen zu machen, denn die werden dann mit bestimmten Situationen verknüpft. Wer kennt es nicht, dass z. B. der Geruch eines bestimmten Essens einen an eine ganz bestimmte Situation im Leben erinnert.
- Bedenken Sie immer, dass sich jedes Kind unterschiedlich entwickelt – vergleichen Sie also bitte Ihres nicht mit anderen.

SPIEL, SPASS & ABWECHSLUNG FÜR DIE KLEINEN

Haben Sie vielleicht die Befürchtung, Ihr Baby könnte sich langweilen und Sie müssten es mehr beschäftigen? Keine Sorge, Säuglinge sind sich meist selbst genug. Dennoch finden sich zahlreiche Möglichkeiten, wie Sie Babys Treiben noch unterstützen können.

Nur weil Ihr Kind mal etwas am Quengeln ist, heißt es noch lange nicht, dass es sich langweilt. Es kann sein, dass es Bauchschmerzen, Hunger oder eine volle Windel hat. Auch wenn Kinder gerade Entwicklungsschritte durchleben, sind Sie häufig unausgeglichen.

Sollten Sie die oben genannten Faktoren ausschließen können, können Sie es wirklich mit ein wenig Beschäftigung versuchen. Beachten Sie aber immer, dass Babys und Kleinkinder nur wenige Reize benötigen und dass zu viele Reize zu anstrengend sein und unter anderem der Auslöser für Schlafstörungen sein können.

EXPERTENTIPP   !

Egal was für eine Beschäftigung Sie Ihrem Kind anbieten, versuchen Sie die Zeit vor dem Schlafen möglichst reizarm zu halten!

Im Folgenden erhalten Sie einige mögliche Beschäftigungsanregungen für Ihr Kind.

Die Babywippe

Die Babywippe gehört bei vielen Eltern zur Standardausstattung. Sie ist praktisch, weil man sie immer überall mit hinnehmen kann, d.h. Ihr Baby kann am Alltagsgeschehen teilnehmen, ohne dass Sie es im Arm halten müssen. Außerdem wird es in der Wippe angegurtet, sodass es nicht aus Versehen herausrollen kann.

Durch die Form und die verstellbare Liegeposition hat Ihr Baby die Möglichkeit, das Drumherum zu beobachten. Außerdem kann es etwas hin- und herschaukeln (diese Option können Sie in der Regel auch abstellen).

Viele Babywippen sind mit einem abnehmbaren Spielbogen ausgestattet, an dem kleinere Gegenstände befestigt sind oder an dem Sie selber etwas befestigen können. Diese Gegenstände kann Ihr Kind in Ruhe von allen Seiten betrachten und bei Interesse auch danach greifen.

> **! EXPERTENTIPP**
>
> Wenn Sie die Babywippe mit ins Bad oder die Küche nehmen, können Sie in Ruhe duschen oder haben beide Hände frei, um das Essen zuzubereiten. Zudem können Sie Ihr Kind beobachten und direkt sehen, ob alles in Ordnung ist.
>
> Wichtig: Lassen Sie Ihren Nachwuchs nicht stundenlang in der Wippe liegen. Selbst in der flachsten Liegeposition ist dies nicht die ergonomisch optimalste Position für dauerhaftes Liegen und sie kann Entwicklungsverzögerungen im Bewegungsapparat des Kindes hervorrufen.

Das Mobile

Sie können ein Mobile an den unterschiedlichen Stellen platzieren, z. B. über dem Wickeltisch oder dem Bett. Gerade die Kleinsten erfreuen sich oft stundenlang an dem sich bewegenden Teil. Dadurch dass sich das Mobile die ganze Zeit langsam bewegt, verändert sich der Blickwinkel für Ihr Kind automatisch.

Das Baby ist nicht nur mit dem Anschauen beschäftigt, ein Mobile fördert auch seine Sehentwicklung Kindes. Es lernt dadurch verschiedene Formen und Farben kennen und lernt früh, dass Gegenstände von allen Seiten unterschiedlich sein können.

TIPPS FÜR EIN MOBILE

- Achten Sie bei der Auswahl des Mobiles darauf, dass es klare Konturen aufweist und von allen Seiten unterschiedlich aussieht.
- Wählen Sie ein Mobile in den Primärfarben aus (Rot, Blau, Gelb).
- Hängen Sie das Mobile nicht in Greifweite!
- Basteln Sie selber ein Mobile mit unterschiedlich farbigen Anhängern, die Sie auswechseln können.

Beobachten Sie, ob Ihr Kind Spaß an der Betrachtung des Mobiles hat. Wenn Sie das Gefühl haben, dass es dadurch gestresst ist, hängen Sie es lieber wieder ab.

Der Laufstall

Der Laufstall ist kein „Kindergefängnis", sondern ein sicherer Ort für Ihr Kind, an dem es ungestört und ausgelassen spielen kann und vor verschiedenen Gefahren (wackelige Bücherregale, Tischkanten, Treppen etc.) geschützt ist. Ein weiterer Vorteil liegt darin, dass Sie Ihren

Sprössling nicht ständig im Blick haben müssen und alltäglich notwendigen Dingen nachgehen können, z. B. das Zimmer saugen oder Wäsche bügeln, ohne dass Sie Angst haben müssen, dass Ihr Kind das Bügeleisen runterzieht. Die Liste der Dinge, die Sie dank Laufstall etwas entspannter erledigen können, ist lang!

DAS IST BEIM LAUFSTALL ZU BEACHTEN

- Lassen Sie Ihr Kind nie wirklich allein im Laufstall! Ein kurzer Gang zur Mülltonne oder zum Briefkasten ist jedoch erlaubt.
- Achten Sie darauf, dass im Laufstall keine „gefährlichen" Sachen, z. B. ein langes Seil oder ein spitzer Gegenstand, sind.
- Weniger ist manchmal mehr! Stopfen Sie den Laufstall nicht wahllos mit Spielsachen voll, nur weil Sie denken, dass Ihr Kind dann genug hat, um sich zu beschäftigen. Wählen Sie lieber nur wenige Dinge aus und variieren Sie zwischendurch.
- Achten Sie darauf, dass der Laufstall sicher aufgebaut ist, keine Schrauben oder Nägel sichtbar und alle Stangen fest sind.

Welches Spielzeug und ab wann?

Kleine Kinder lieben es, auf allem, was sie in die Finger bekommen, herumzukauen und es zu knautschen. Das stärkt die Kau-, Finger-, Hand- und Armmuskulatur und fördert gleichzeitig die Beiß- und Greifmuskulatur.

Beachten Sie, dass das Kinderspielzeug kindgerecht und mit einem entsprechenden Prüfsiegel ausgestattet ist.

Hier finden Sie einen groben Überblick über Spielzeuge, die für die einzelnen Monate passen:

Welches Spielzeug und ab wann? **127**

Alter	Spielzeug
1 bis 6 Monate	• Mobile • Stofftiere • Knistertücher • Labeltücher • Babyspiegel • Rasseln, Glöckchen • Schlüssel aus Plastik • Beißring • Stofftiere (diese sollten waschbar sein und aufgestickte Augen und Nasen haben) • Greifringe aus Plastik oder Holz • Spiel-/Krabbeldecke mit unterschiedlichen Materialien, die am besten auch noch Knister- und Hupgeräusche macht • Spieltrapez zum Auf-die-Decke-Stellen • Spieluhr • Quietschente
7 bis 12 Monate	• Bälle • Bücher mit wenigen dicken Seiten aus Pappe, Stoff oder Plastik • Bauklötze • Fahrzeuge • Funktionsspielzeug (alles, was sich drehen, schieben, drücken lässt und somit die Feinmotorik fördert) • Motorikschleife • Stapelbecher • *Duplo Primo* • Stofftiere • Stehaufmännchen • Töpfe und Schüsseln mit einem Kochlöffel zum Draufhauen
12 bis 18 Monate	• einfache Steckpuzzle • Steckwürfel, bei denen unterschiedlich geformte Teile durch die passenden Öffnungen gesteckt werden müssen • Bauklötze • alles zum Sortieren und Zuordnen • Bücher • Bälle • Puppen • Tiere • Brummkreisel • *Lego Duplo* • Little People • Sachen, die Geräusche machen • Zugspielzeuge • dicke Wachsmalstifte • *Playmobil 1.2.3*

Oft finden Sie auch in den eigenen vier Wänden spannende kindgerechte Spielsachen, mit denen sich Ihr Baby mindestens genauso gerne beschäftigt wie mit den gekauften. Achten Sie aber immer auf verschluckbare Kleinteile, dass die Farbe nicht ablösbar ist und sich Ihr Kind auf nicht damit verletzen kann.

iPad, Fernseher & Co.

Es gibt tatsächlich Eltern, die das iPad, den Fernseher und andere elektronische Medien als „Beruhigungsmittel" für ihre Kinder einsetzen. Vielleicht haben Sie auch schon gesehen, dass Kleinkinder mit einem Tablet-PC im Laufstall sitzen und sich ein Video eines Comics ansehen. Auch wenn elektronische Medien heute ein fester Bestandteil unserer modernen Welt sind – kurz und knapp gesagt: Fernsehen tut Ihrem Kind nicht gut!

DIE 3-6-9-12-FAUSTREGEL!

Diese besagt: Kein Bildschirm unter **drei** Jahren, keine eigene Spielkonsole vor **sechs**, kein Internet vor **neun** und kein unbeaufsichtigtes Internet vor **12** Jahren.

Es ist Ihre Aufgabe als Eltern, sich mit dem Medienkonsum Ihres Kindes auseinanderzusetzen. Bedenken Sie dabei: Bildschirme sind keine Babysitter!

Fernsehen fördert das passive Verhalten Ihres Kindes. Kinder, die fernsehen, neigen dazu, sich weniger zu bewegen und an aktiven Spielen mit anderen Kindern teilzunehmen. Zu viel Fernsehkonsum kann langfristig zu Lernschwierigkeiten, Übergewicht, Aggressivität und Konzentrationsschwäche führen.

Spiele für die Kleinsten

Die besten Wickeltischspiele und -lieder

Spielhandschuh: An einen Stoffhandschuh können verschiedene Materialien und Bänder genäht, z. B. Holzperlen, Wolle, Glöckchen, und zur Beschäftigung auf dem Wickeltisch genutzt werden (unter Aufsicht).

Der Papagei *(Urheber unbekannt, mündlich überliefert)*

Der Papagei, der Papagei,
der macht ein fürchterliches Geschrei.
Den Schnabel auf, den Schnabel zu.
Wie heißt du, Freundchen?
„Kakadu!"

Daumen und Zeigefinger symbolisieren den Schnabel. Die anderen Finger sind die Kopffedern des Kakadus. Die Finger (den Schnabel) öffnen und schließen. Dann zu sich drehen und den „Papagei" fragen: „Wie heißt du, Freundchen?" Mit verstellter, piepsiger Stimme „Kakadu" antworten.

Babys lieben dieses Spiel. Doch auch von Kindergartenkindern wird es immer wieder gewünscht. Ältere Geschwister können es auch mit dem Baby spielen.

Kleine Schnecke *(Urheber unbekannt, mündlich überliefert)*

Kleine Schnecke, kleine Schnecke,
krabbelt rauf, krabbelt rauf,
krabbelt wieder runter, krabbelt wieder runter,
kitzelt dich am Bauch, kitzelt dich am Bauch.

(nach der Melodie von Bruder Jakob)

Mit den Fingern von Kopf bis Fuß und wieder zurückkrabbeln. Statt des Bauchs können auch immer neue Körperteile ausgedacht werden.

Hierbei ist darauf zu achten, ob und wo das Kind berührt werden möchte. Viele Kinder möchten nicht am Bauch gekitzelt werden, jedoch gerne am Arm.

Das ist gerade, das ist schief   *(Urheber unbekannt, mündlich überliefert)*

Text	Bewegung
Das ist gerade,	Arme zur Seite stecken
das ist schief.	schief stehen
Das ist hoch und	Arme hochstrecken
das ist tief.	Arme zum Boden bewegen
Das ist dunkel,	Hände vor die Augen
das ist hell.	Hände wegnehmen
Das ist langsam,	langsame Laufbewegungen
das ist schnell.	schnelle Bewegungen
Das sind Haare,	Haare zeigen
das ist Haut.	die Wange streicheln
Das ist leise,	flüsternd sprechen
das ist laut.	sehr laut sprechen
Das ist groß	hochstrecken
und das ist klein.	klein machen
Das ist mein Arm	Arm strecken
und das mein Bein.	Bein strecken
Das ist traurig,	trauriges Gesicht machen
das ist froh.	frohes Gesicht machen
Das ist mein Bauch	Bauch herausstrecken
und das mein Po.	Po herausstrecken
Das ist nah	Hände vor die Brust
und das ist fern.	Arme weit weg strecken
Dieses Lied, das hab ich gern.	im Rhythmus klatschen

Spielanleitung: Während Sie die Strophen sprechen, machen Sie die Bewegungen oder zeigen die entsprechenden Körperteile.

Die besten Fingerspiele und -lieder

Wie das Fähnchen
(Urheber unbekannt, mündlich überliefert)

Wie das Fähnchen auf dem Turme sich kann dreh'n bei Wind und Sturme,
so soll sich dein Händchen dreh'n, dass es eine Lust ist, s'anzuseh'n.
Wind, oh Wind hilf mir beim Drehen, lass mein Fähnchen nie still stehen,
und schon dreh'n sie sich zu zweit wie im Tanze, welche Freud'!
Mit den Händen kann man winken, mit der rechten und der linken,
wenn man sie zusammenpatscht, machen beide klatsch, klatsch, klatsch.

Zehn kleine Zappelfinger
(Urheber unbekannt, mündlich überliefert)

Zehn kleine Zappelfinger zappeln hin und her,
zehn kleinen Zappelfingern fällt das gar nicht schwer.
Zehn kleine Zappelfinger zappeln auf und nieder,
zehn kleine Zappelfinger tun das immer wieder.
Zehn kleine Zappelfinger zappeln rundherum,
zehn kleine Zappelfinger, die sind gar nicht dumm.
Zehn kleine Zappelfinger spielen gern Versteck,
zehn kleine Zappelfinger sind auf einmal weg.
Zehn kleine Zappelfinger rufen laut „Hurra",
zehn kleine Zappelfinger, die sind wieder da!

Backe, backe Kuchen
(Urheber unbekannt, mündlich überliefert)

Backe, backe Kuchen,
der Bäcker hat gerufen.
Wer will guten Kuchen backen,
der muss haben sieben Sachen:
Eier und Schmalz,
Butter und Salz,
Milch und Mehl,
Safran macht den Kuchen gel!
Schieb, schieb in den Ofen rein!

Sonnenkäferlied *(Urheber unbekannt, mündlich überliefert)*
Erst kommt der Sonnenkäferpapa.
Dann kommt die Sonnenkäfermama.
Und hintendrein, ganz klitzeklein, die Sonnenkäferkinderlein,
und hintendrein, ganz klitzeklein, die Sonnenkäferkinderlein.
Sie haben rote Röckchen an
mit kleinen schwarzen Punkten dran.
Sie machen ihren Sonntagsgang auf unsrer Fensterbank entlang,
sie machen ihren Sonntagsgang auf unsrer Fensterbank entlang.

Hampel und Strampel *(Urheber unbekannt, mündlich überliefert)*
Guten Tag, ihr Beinchen, wie heißt ihr denn?
Ich heiße Hampel. Ich heiße Strampel.
Dies ist Füßchen Übermut und das
ist Füßchen Tunichtgut.
Übermut und Tunichtgut gingen auf die Reise.
Patsch, durch alle Sümpfe,
nass sind Schuh und Strümpfe.
Guckt die Mama um die Eck,
laufen beide ganz schnell weg.

Babygruppen

Krabbelgruppe, Spielgruppe, Vater-/Mutter–Kind–Gruppe, PEKiP, Baby-Yoga, Musikgruppe, Babyschwimmen ... Es gibt unendlich viele verschiedene Angebote. Alle Gruppen sind insofern ähnlich, dass eine geschulte Gruppenleitung Sie und Ihr Kind zusammen mit anderen Eltern und Kindern zu gemeinsamen Aktivitäten anleitet. Es wird gespielt und gesungen und es werden viele verschiedene Materialien ausprobiert. In einer sicheren und für das Alter der Kinder ansprechenden Umgebung bekommt Ihr Kind die Gelegenheit, selber auf

Entdeckungstour zu gehen und seine Umgebung und das Material zu ergründen. Die Lieder, Reime und Ideen, welche Sie aus solchen Gruppen mit in Ihren Alltag nehmen können, sind eine echte Bereicherung.

Als Eltern haben Sie die Qual der Wahl, bedenken Sie, dass das „Freizeitprogramm" nicht in Stress für Sie oder Ihr Kind ausartet. Verplanen Sie Ihr Kind nicht von Montag bis Freitag, weniger ist oft mehr. Sie als Eltern müssen sich gut überlegen, was Sie mit Ihrem Baby machen möchten, und gezielt Aktivitäten aussuchen.

Ein ausgewogenes Freizeitprogramm dient Ihrem Kind, seine Welt mit allen fünf Sinnen zu entdecken, die Eltern-Kind-Beziehung wird hierdurch positiv beeinflusst.

Für Babys oder Kleinkinder sind die Kontakte zu anderen Kindern und Erwachsenen bei gemeinsamen Spielen das Wichtigste. Durch das intensive Spielen machen sie wertvolle Erfahrungen, aus denen sie lernen und sich weiterentwickeln.

Spielen ist also für Kinder lernen. Wir haben für Sie in diesem Kapitel die gängigsten Angebote zusammengefasst.

Babyschwimmen

Wenn Ihr Kind etwa drei Monate alt ist und sein Köpfchen alleine halten kann, ist dies der richtige Zeitpunkt, sich bei einem Babyschwimmkurs anzumelden. Der hat natürlich noch nicht viel mit Schwimmen an sich zu tun, sondern eher mit Wassergewöhnung allgemein. Sie lernen beim Babyschwimmen die wichtigsten Haltetechniken und verlieren so die Angst, mit Ihrem Baby allein schwimmen zu gehen.

Da Babys das Element Wasser bereits aus dem Mutterleib kennen, genießen sie in der Regel die Zeit im Wasser. Die Beziehung zwischen Ihrem Baby und Ihnen wird durch den intensiven Körperkontakt und das gemeinsame Erlebnis im Wasser gefördert. Zudem massiert das Wasser die Haut der Säuglinge und fördert die Atemfunktion, durch die Bewegungen wird die Motorik geschult. Auch Selbstbewusstsein, Freude an der Bewegung, Neugierde und Konzentrationsfähigkeit werden trainiert. Da solche Gruppen aus mehreren Babys und Erwachsenen bestehen, fördern sie zudem Beobachtung und Nachahmung.

Für viele Babys ist das erste so intensive Erleben mit dem Element Wasser noch etwas bedrohlich, sodass die meisten sich erst einmal an Mama oder Papa festklammern. Sobald sie aber merken, dass sie sich im Wasser viel besser bewegen können als an Land, werden sie in ihren Bewegungen freier und mutiger.

Nach dem Kurs sind die Kinder meist richtig müde, denn sie müssen viele neue Eindrücke verarbeiten und haben sich viel bewegt.

Natürlich müssen Sie keinen Babyschwimmkurs besuchen, um mit Ihrem Baby schwimmen zu gehen. Aber häufig macht es in der Gruppe mehr Spaß.

! EXPERTENTIPP

Nehmen Sie immer die Babyschale mit in die Umkleidekabine, sonst wird das Umziehen mit einem Säugling zum absoluten Balanceakt.

Packen Sie auch ein Fläschchen mit Milch ein oder stillen Sie Ihr Baby nach dem Schwimmen – die meisten sind nach dem Schwimmen meist ziemlich k.o. und hungrig.

Eltern-Kind-Gruppen

In der Regel verbringen Sie im ersten Lebensjahr Ihres Kindes viel Zeit mit ihm allein. Da ist es wichtig, auch für Sie als Elternteil für ein wenig Abwechslung zu sorgen.

Krabbelgruppen für die einzelnen Altersstufen werden nahezu überall angeboten. Dort kommen Sie mit anderen Eltern zusammen, die Kinder in demselben Alter Ihres Säuglings haben – somit haben Sie alle dasselbe Thema!

Meistens werden solche Gruppen von erfahrenen Müttern oder Erzieherinnen geleitet. Meist beginnen sie mit einem immer wiederkehrenden Begrüßungslied. Dann folgen in der Regel verschiedene Fingerspiele, Spiel- und Bewegungsangebote. Den Abschluss bildet ein Abschiedslied. Zwischendurch haben Sie ausreichend Zeit, sich mit den anderen Eltern oder auch der Kursleitung auszutauschen.

Die ersten Krabbelgruppen werden ab einem Alter von ca. drei bis vier Monaten angeboten, es gibt aber auch welche für ältere Kinder.

Tipp: Vergleichen Sie Ihr Baby nicht zu sehr mit den anderen. Der eine kann vielleicht schon krabbeln, der andere liegt nur auf dem Rücken und schafft es kaum, sich zu drehen, und der Dritte schreit eventuell die ganze Zeit. Jedes Kind entwickelt sich komplett unterschiedlich und das ist auch gut so. Es sollte keinen Wettkampf geben, welches Kind was am besten oder am schnellsten kann! Genießen Sie es lieber, gemeinsam die eigenen Kinder größer werden zu sehen. Oft entwickeln sich in solchen Gruppen Freundschaften fürs Leben, sowohl für Ihr Kind als auch für Sie als Eltern.

Prager-Eltern-Kind-Programm (PEKiP)

Diese Kurse bieten eine umfassende Entwicklungsbegleitung für Eltern mit ihren Kindern im ersten Lebensjahr. In PEKiP-Gruppen treffen sich sechs bis acht Eltern mit ihren Kindern ab der sechsten Lebenswoche. Ein späterer Einstieg ist problemlos möglich. Die Kinder einer Gruppe sollten möglichst gleich alt sein.

Die Treffen finden einmal wöchentlich statt und dauern 90 Minuten. Der Raum wird so angewärmt, dass die Kinder während der Spielzeit nackt sein und sich noch freier bewegen können.

Die Kurse werden von speziell ausgebildeten und zertifizierten PEKiP-Gruppenleiterinnen geleitet. Im Mittelpunkt der Kursstunden stehen die Spiel- und Bewegungsanregungen des Programms, die dem jeweiligen Entwicklungsstand der Kinder entsprechend angeboten werden. Die Eltern haben die Möglichkeit, ihr Kind aufmerksam zu beobachten und so die speziellen Bedürfnisse und Fähigkeiten ihres Babys wahrzunehmen und kennenzulernen. Die Kinder haben die Möglichkeit, sich und ihre Fähigkeiten auszuprobieren und weiterzuentwickeln. Außerdem können sie erste Kontakte zu Gleichaltrigen aufnehmen – und zu anderen Erwachsenen.

Die Eltern können voneinander und miteinander lernen, sie haben Zeit für den Austausch miteinander und mit der Gruppenleiterin. Die Fragen und Themen der Eltern stehen im Mittelpunkt, sodass die Eltern individuell begleitet werden.

Informationen zu den Kursen finden Sie unter www.pekip.de.

Spielgruppen

Spielgruppen sind meist privat organisierte Gruppen, die sich auf Initiative mehrerer Eltern zusammenschließen.

Private Spielgruppen treffen sich meist ein- bis dreimal pro Woche für ca. zwei Stunden. In dieser Zeit können die Kinder miteinander spielen und die Eltern sich austauschen. In manchen Spielgruppen wird es so organisiert, dass die Eltern abwechselnd regelmäßig zu zweit oder zu dritt die Leitung übernehmen.

Meist gründen sich Spielgruppen für Kinder ab ca. einem bis maximal drei Jahren. Das ist ein guter Zeitpunkt, denn dann fangen Kinder an, sich für die Interaktion mit anderen Kindern zu interessieren. Spielgruppen sind eine gute Vorbereitung für die Zeit im Kindergarten, denn die Kinder lernen untereinander die ersten sozialen Regeln wie teilen, warten usw.

Krabbel-/Turngruppe

In Krabbel- oder Turngruppen, die von vielen Sportvereinen oder Familienzentren angeboten werden, fördern Bewegungslandschaften und Bewegungsspiele spielerisch und abwechslungsreich die Motorik sowie die Koordination von Bewegungsabläufen.

Durch die Übungen und Lieder können Sie schon früh die sportlichen Vorlieben Ihres Kindes erkennen. Die Eltern-Kind-Bindung wird vertieft, und zugleich werden soziale Kontakte zu anderen Kindern und Eltern aufgebaut.

Musikalische Früherziehung

Babys oder Kleinkinder sind schon ab einem Jahr von Musik begeistert. Sie tanzen gerne zu ihrer Lieblingsmusik oder trommeln mit Kochlöffeln begeistert auf Töpfen.

In einer Gruppe mit anderen Kindern lernen sie die Welt der Musik kennen. Sie entdecken gemeinsam je nach Alter z. B. durch Tänze, Klatschen und Singen die Musik mit ihren Rhythmen kennen.

Ziel ist es, Freude an der Musik zu wecken und die Kommunikationsfähigkeit der Kinder zu fördern. Musik hat einen positiven Einfluss auf die Entwicklung von Koordination sowie das Sozial- und Lernverhalten. Rhythmus, Bewegung, Musik und Sprache sind untrennbar miteinander verbunden und ergänzen sich gegenseitig.

Kinderyoga

Kinderyoga ist etwas Wundervolles! Kinder lernen unter anderem spielerisch Positions-, Atem- und Meditationsübungen, mit denen sie ihre Wahrnehmung, ihr Körpergefühl und ihre Motorik schulen können. Die Körperübungen sind der Tier-, Pflanzen- und Fantasiewelt nachempfunden, damit die Kinder sie leichter verstehen und besser nachahmen können. Yoga stärkt das Immunsystem Ihres Kindes und kann z. B. durch Fantasiereisen die Konzentrationsfähigkeit fördern.

Zu Hause „üben" schon kleine Kinder sehr gerne zusammen mit Mama oder Papa. Bereits Babys und Kleinkinder können zu bestimmten Übungen angeleitet werden, auch wenn sie diese nicht eigenständig durchführen.

MIT DEM BABY UNTERWEGS

Natürlich wollen Sie mit Ihrem Kleinen nicht nur in den eigenen vier Wänden bleiben. Und frische Luft tut Ihnen und Ihrem Kind gut. Egal ob Sie einen kleinen Spaziergang machen oder das Schwimmbad besuchen – lassen Sie Ihr Kind an allem teilhaben. Sie werden viel Spaß miteinander haben!

Tragetücher

Babys sind Traglinge. Kein anderes Lebewesen ist so lange auf Hilfe, Geborgenheit, Schutz und Versorgung eines Erwachsenen angewiesen wie ein Kind. Das hat eine lange Tradition: Als die Menschen als Jäger und Sammler lebten und täglich zwischen 28 und 35 km zurücklegten, mussten sie ihre Kinder mit sich tragen. Da viele Gefahren lauerten, wie wilde Tiere, wäre ein zurückgelassener Säugling zum Tode verurteilt gewesen. So ist es ein ganz natürliches Bedürfnis der Kleinen, dabei sein und getragen werden zu wollen.

Das Tragen bringt eine Menge Vorteile für Kinder mit sich:
- Der enge Körperkontakt wirkt sich positiv auf die Bindung zwischen Ihnen und Ihrem Kind aus. Insbesondere Frühchen profitieren davon. Inzwischen gibt es so leichte Tücher, dass es möglich ist, Ihr Neugeborenes so einzubinden, dass Sie es direkt Haut auf Haut tragen können.

- Jede Ihrer Bewegungen regt den Gleichgewichtssinn Ihres Kindes an und fördert somit die Entwicklung seines Gehirns und auch die Sensorik und Motorik.
- Sie haben die Hände frei und können verschiedene Dinge erledigen. Das wiederum führt dazu, dass Ihr Kind vieles miterleben kann und so automatisch in die Gesellschaft hineinerzogen wird.
- Durch die Nähe zu Ihrem Kind nehmen Sie dessen Bedürfnisse viel direkter und unmittelbarer wahr und können darauf reagieren. Ihr Baby wird sich beispielsweise schneller beruhigen und seltener weinen.
- Durch das Tragetuch können Sie mit Ihrem Kind auch Orte aufsuchen, an denen ein Kinderwagen seinen Dienst versagt.
- Eine gute Tragehilfe bzw. ein gut gebundenes Tragetuch unterstützt durch die Anhock-Spreiz-Stellung die Hüftentwicklung Ihres Babys.
- Nicht nur die Muskulatur Ihres Säuglings, sondern auch Ihre eigene Muskulatur wird durch das Tragetuch gestärkt!

Es gibt Tragehilfen für unterschiedliche Bedürfnisse. Grundsätzlich sollte als Bewertungskriterium immer gelten, dass die Anhock-Spreiz-Stellung gewährleistet und die Stegbreite ausreichend ist.

Für Neugeborene eignet sich anfangs ein elastisches Tragetuch sehr gut. Es schmiegt sich mehr dem Kind an als ein gewebtes. Die Größe des Tuches hängt von der eigenen Körpergröße ab, davon wer alles damit trägt und wie man tragen möchte. Häufige Tragevarianten sind Wickel-Kreuz-, Känguru-, Doppel-Kreuz-Trage und der Hüftsitz. Hat Ihr Baby ein Gewicht von etwa 8 kg erreicht, sollten Sie spätestens auf ein gewebtes Tuch umsteigen. Ihr Kind sollte nach Möglichkeit auf dem Rücken gebunden werden, da sonst bei längerem Tragen der eigene Rücken leiden kann.

Scheuen Sie sich nicht vor der Länge des Tuches und dem Binden. Üben Sie mit Ihrem Partner oder alleine. Um sich im Dschungel der Tragehilfen zurechtzufinden, gibt es vielerorts „Trageberaterinnen", die individuelle Beratungen anbieten und Seminare durchführen. Tragen können direkt ausprobiert und manchmal auch ausgeliehen werden. Außerdem unterstützen sie bei der Wahl eines geeigneten Tragetuches und einer guten Bindetechnik.

Das Tragetuch ist vielseitig einsetzbar und kann Ihre Familie über viele Jahre begleiten. Dabei ist es flexibel, sodass es sich den Bedürfnissen Ihres Kindes, seinem Alter und Entwicklungsstand angemessen binden lässt. Ebenso passt es sich individuell an den Träger an.

Ein ganz besonderer Vorteil des Tragetuches ist, dass es sich klein zusammenfalten lässt und nicht viel Platz wegnimmt. Außerdem hat man immer eine Decke oder eine Unterlage für das Kind zur Hand.

Wenn Ihnen das Binden eines Tragetuches zu umständlich ist, empfehlen sich Tragesysteme, wie z. B. Mei Tais, die auch aus Tragetuchstoff sind und daher alle positiven Vorteile mit einer einfachen Handhabung kombinieren.

WEITERE LANGFRISTIGE VORTEILE DES BABYTRAGENS

Babys, die getragen werden, verbringen ihre Wachphasen viel ausgeglichener als Babys, die nicht getragen werden. Untersuchungen zufolge haben sie auch weniger Stresshormone in ihrem Blut und wachsen schneller.

Zudem unterstützt der Wiegeschritt der Eltern die Entwicklung des Gehirns und schult gleichzeitig den Gleichgewichtssinn. Dieser ist die Basis der Intelligenz Ihres Babys.

Kinderwagen

Hier heißt es eindeutig: Wer die Wahl hat, hat die Qual! Die Anschaffung eines Kinderwagens kommt schon fast der eines gebrauchten Kleinwagens gleich, zum einen in Bezug auf die Kosten und zum anderen in Bezug auf die Vielfalt der Angebote der verschiedenen Hersteller.

Teuer ist nicht immer gleichzusetzen mit gut. Trotzdem lohnt es sich, bei der Überlegung, welcher Kinderwagen für einen selber infrage kommt, verschiedene Modelle unterschiedlicher Preisklassen „Probe zu fahren". Die meisten großen Babyfachmärkte haben eine riesige Auswahl verschiedener Modelle als Ausstellungsstücke im Geschäft. Nehmen Sie sich ruhig die Zeit, die unterschiedlichen Modelle auszuprobieren. Wichtig sind folgende Kriterien:

- Wo nutze ich den Kinderwagen am meisten? Wenn Sie viel durch Wälder und Felder spazieren gehen möchten, ist es wichtig, einen Kinderwagen mit feststellbaren Rädern zu wählen. Sind Sie jedoch eher in der Stadt unterwegs, ist ein wendigeres Modell besser, mit dem Sie auch durch enge Geschäfte kommen.
- Passt der Kinderwagen in mein Auto? Probieren Sie es mit dem Ausstellungsstück aus. Das muss Ihnen nicht peinlich sein, die Verkäufer kennen das!
- Wollen Sie einen reinen Kinderwagen oder einen Kombikinderwagen, den Sie später mit wenigen Handgriffen zu einem sportlichen Buggy umbauen können?
- Es gibt Kinderwagen mit festen Babyschalen. Diese sind meist etwas kürzer als die weichen. Wenn Sie als Eltern beide relativ groß sind, sollten Sie eine „weiche" Babyschale wählen, da Ihr Baby dort länger Platz hat. Sollte Ihr Kind aus gesundheitlichen Gründen nach der Geburt eine Spreizhose brauchen, wird es in einer festen Babyschale nicht genug Platz haben.

- Haben Sie vor, weitere Kinder zu bekommen? Wenn ja, kaufen Sie eventuell einen farblich geschlechtsneutralen Kinderwagen. Kinderwagen halten in der Regel mindestens zwei Kinder lang, oft sogar länger.

> **EXPERTENTIPP**
>
> Setzen Sie sich frühzeitig mit dem Thema Kinderwagenkauf auseinander, da es teils lange Lieferfristen bei den Herstellern gibt und nur wenige Babyfachmärkte mehrere Exemplare vorrätig haben!

Die Wickeltasche

Sie werden merken, dass Sie, sobald Sie mit Ihrem Säugling das Haus verlassen wollen, fast Ihren gesamten Hausstand mitnehmen müssen. Um alles hin- und herzutransportieren gibt es sogenannte Wickeltaschen in unterschiedlichen Farben, Formen und Materialien, die problemlos am Bügel des Kinderwagens befestigt werden können. Natürlich tut es eine normale, geräumige Tasche auch.

Das gehört in die Wickeltasche:
- Windeln (mindestens zwei oder drei)
- Feuchttücher (gibt es speziell in kleinen Paketen für unterwegs)
- eine Tüte für die benutzten Windeln
- eine Wickelunterlage (ist oft in die Wickeltaschen integriert)
- eventuell eine kleine dünne Decke
- eine Wechselgarnitur, Mütze und Söckchen für einen möglichen Wetterumschwung
- ein oder zwei Spucktücher
- ein Ersatzschnuller (in Schnullerbox)
- Stilleinlagen, wenn gestillt wird

- bei Flaschenkindern eine Thermoskanne mit heißem Wasser, Milch-
  pulver und ein Fläschchen
- Wundcreme
- Sonnencreme
- ein kleines Spielzeug, Knisterbuch o. Ä.
- Handdesinfektionsgel für die Eltern

Je nach Bedarf kommen noch mehr Dinge hinzu wie Reiswaffeln oder
Tee. Sie sehen, die Liste ist lang!

EXPERTENTIPP

Lassen Sie die Wickeltasche immer gepackt, damit Sie sie beim
Rausgehen nur noch greifen müssen. Also am besten immer sofort
Windeln nachfüllen.

Im Auto

Viele Säuglinge und Kleinkinder fahren gerne Auto. Nicht selten hört
man den Satz „Wenn mein Kind nicht schlafen möchte, fahre ich einfach ein paar Runden um den Block." Wahrscheinlich empfinden
gerade die ganz Kleinen das Rumpeln des Autos so angenehm, weil sie
im Mutterleib auch fast immer in Bewegung waren.

Wichtig ist, dass Sie beim Autofahren immer die Sicherheit Ihres Kindes im Blick haben, das heißt:
- Verwenden Sie nur dem Alter, der Größe und dem Gewicht angemessene Kindersitze und achten Sie auf das ECE-Siegel.
- Nutzen Sie den Kindersitz immer nach der Anleitung, haben Sie
  im Blick, dass der Gurt richtig eingerastet ist und an den richtigen
  Stellen entlanggeführt wurde.

Im Auto 145

- Achten Sie darauf, dass Sie nicht zu viele lose herumliegende Gegenstände im Auto haben, denn diese können Sie oder Ihr Kind bei starken Bremsmanövern verletzen.
- Überprüfen Sie immer, ob Ihrem Kind bei der Fahrt die Sonne ins Gesicht scheinen könnte. Da es sich ja noch nicht selber wegdrehen kann, kann das sehr unangenehm sein. Schnelle Abhilfe bietet ein (Spuck-)Tuch, das Sie am Fenster befestigen können.

EXPERTENTIPP

!

Wenn Ihr Kind nicht mehr in der Babyschale liegt, empfiehlt sich für längere Fahrten ein Reisenackenhörnchen speziell für Kinder, dieses stabilisiert den Kopf, sodass er nicht im Schlaf nach vorne oder zur Seite wegknickt.

Was tun, wenn das Kind das Autofahren nicht mag? Ist Ihr Kind noch ganz klein, kann es sein, dass es nicht richtig in der Babyschale liegt oder vielleicht irgendetwas drückt. Verändern Sie einfach mal die Position Ihres Babys ein wenig, manchmal löst sich das Problem so von ganz alleine.

Ist Ihr Kind etwas älter, ist ihm manchmal etwas langweilig, gerade bei längeren Autofahrten. Sorgen Sie dafür, dass es ein oder zwei Bilderbücher oder ein Kuscheltier in Greifnähe hat, mit dem es sich beschäftigen kann. Oder lassen Sie Kinderlieder laufen, die Sie gemeinsam singen können. Manchmal hilft es auch, wenn sich der Beifahrer mit auf die Rückbank setzt und gemeinsam mit dem Kind ein Buch anschaut.

Babyschalen

Für alle motorisierten Eltern gehört eine Babyschale verpflichtend dazu, denn die Beförderung von Babys und Kleinkindern ist in Deutschland nur in dem Alter und der Größe angemessenen Autositzen bzw. Babyschalen erlaubt. Der Maxi-Cosi z. B. ist eine von vielen unterschiedlichen Marken, die es auf dem Markt gibt. Wichtigstes Kriterium beim Kauf des richtigen Sitzes ist, dass dieser passend für Gewicht und Größe Ihres Kindes ist und über ein ECE-Prüfzeichen verfügt, das bescheinigt, dass der Sitz der Europäischen Norm entspricht. Sollten Sie den Kauf eines gebrauchten Sitzes in Erwägung ziehen, lassen Sie sich versichern, dass der Sitz unfallfrei ist.

Neben der Funktion des Autositzes bieten die Babyschalen noch viele andere Vorteile:
- Transport Ihres (vielleicht schlafenden) Kindes vom Auto ins Haus, zum Kinderarzt oder zum Einkaufen;
- Sie können die Schale leicht auf dem Einkaufswagen fixieren, sodass der Einkauf mit Ihrem Baby nicht zum Balanceakt wird;
- Sie können die Babyschale außerhalb des Autos auch leicht wippen, was auf viele Kinder beruhigend wirkt und in der ein oder anderen Situation sehr praktisch sein kann;
- für Autoschalen verschiedener Hersteller gibt es inzwischen „Fahrgestelle", sodass Sie die Babyschale kurzzeitig als Alternative zum Kinderwagen nutzen können. Dies sollten Sie aber nur für sehr kurze Strecken, z. B. vom Auto zum Kinderarzt, nutzen.

Vorsicht: Eine Babyschale ist kein Kinderwagen! Achten Sie bitte immer darauf, Ihr Baby nicht länger als nötig in der Schale zu lassen, da die Haltung, die es darin einnimmt, nicht sehr rückenfreundlich ist. Hier gilt ganz klar: Weniger ist mehr!

Sollten Sie eine gebrauchte Babyschale kaufen, können Sie sie für wenig Geld vom TÜV durchchecken lassen und anschließend Ihr Kind beruhigt hineinsetzen.

In fremden Autos ohne Kindersitz

Generell gilt: Steigen Sie mit Ihrem Kind nie in ein Auto ohne geeigneten Kindersitz ein! Wenn Sie mal mit einem anderen Auto mitfahren müssen, nehmen Sie Ihren eigenen Kindersitz mit, in der Regel sind die Kindersitze mit den meisten Autos kompatibel. Schwierig wird es, wenn Sie einen Isofix-Sitz haben und in einem Auto ohne Isofix-Verbindungssystem mitfahren wollen. Doch heute haben nahezu alle neueren Automodelle Isofix, ohne dass die Besitzer dies wissen. Ansonsten benutzen Sie einfach den Anschnallgurt, denn der funktioniert immer.

Besonderheit Taxi

Viele Taxis haben Kindersitze (ab 9 kg) und/oder Sitzerhöhungen im Kofferraum. Geben Sie direkt an, wenn Sie ein Taxi bestellen, dass ein Kind mitbefördert wird, damit die Taxizentrale sich bemüht, ein passend ausgestattetes Taxi zu schicken.

Mit dem Fahrrad unterwegs

Für Eltern, die vorher schon viel Rad gefahren sind, ist es klar, auch mit Kind schnellstmöglich wieder in die Pedale zu treten. Wenn Ihr Baby schon sicher alleine sitzen kann, können Sie langsam die ersten Fahrten im Fahrradkindersitz wagen. Lassen Sie sich beim Kauf des

Fahrradkindersitzes in einem Fachhandel beraten und probieren Sie wenn möglich unterschiedliche Modelle aus.

Wir empfehlen Kinderfahrradsitze, die mitwachsen, sprich bei denen Sie Fußstützen und Lehne der Größe Ihres Kindes individuell anpassen können, sodass Ihr Kind eine optimale bequeme Sitzposition hat. Ein weiterer Vorteil ist, wenn Sie die Lehne des Sitzes ein wenig nach hinten neigen können, damit Ihr Kind, sollte es einschlafen, besser liegt.

Wichtig: Selbst wenn Ihr Kind nur „Beifahrer" auf dem Fahrrad ist, setzen Sie ihm bitte einen Fahrradhelm auf! Und achten Sie auch hier, wie im Auto, immer darauf, dass es richtig angeschnallt ist.

Neben dem Fahrradkindersitz gibt es auch die Möglichkeit, mit einem Fahrradanhänger für Kinder mobil mit dem Fahrrad unterwegs zu sein.

Die Vorteile eines Fahrradanhängers:
- Er bietet zusätzlichen Stauraum für Einkäufe, Picknickzubehör und andere Dinge.
- Er ist auch schon für Ihr Baby (ab ca. drei Monaten in einer speziell für den Fahrradanhänger geeigneten Babyschale) nutzbar.
- Die meisten Fahrradanhänger haben Platz für zwei Kinder.
- Viele Fahrradanhänger können Sie auch als Jogger nutzen und Ihr Kind darin durch die Stadt schieben.

In öffentlichen Verkehrsmitteln

Die Nutzung öffentlicher Verkehrsmittel mit Kind kann manchmal zu einem Abenteuer werden. In Großstädten sind fast alle Busse und Bahnen mehr oder weniger gut mit Kinderwagen zugänglich. Auf Bahnhöfen und U-Bahnhöfen gibt es Aufzüge, die eine barrierefreie Nutzung der öffentlichen Verkehrsmittel gewährleisten sollen und mit denen Sie unproblematisch dorthin gelangen können, wo Sie mit dem Kinderwagen hinwollen.

In Bus und Bahn können Sie sich auch auf die Hilfsbereitschaft der anderen Mitfahrer verlassen, aber leider müssen Sie dann manchmal am eigenen Leib erfahren, dass nicht jeder so hilfsbereit wie vielleicht erwartet reagiert.

Unser Tipp in puncto öffentliche Verkehrsmittel: Nutzen Sie wenn möglich ein Tragetuch oder einen Tragegurt für Ihr Kind, dann haben Sie in der Regel die wenigsten Probleme mit den öffentlichen Verkehrsmitteln.

Spazieren gehen

Spazieren gehen mit Ihrem Baby ist wunderbar. Zum einen tut frische Luft sowohl Ihrem Nachwuchs als auch Ihnen sehr gut und stärkt das Immunsystem. Zum anderen benötigt der Körper Vitamin D und dies bekommt er durch die Sonnenstrahlen! Außerdem regt die Bewegung Ihren Stoffwechsel an und Ihr Körper schüttet Glückshormone aus. Gehen Sie also so oft wie möglich (nach Möglichkeit jeden Tag mindestens einmal) mit Ihrem Kind spazieren.

Gerade Säuglinge lieben es, durch die Natur geschoben zu werden. Das leichte Ruckeln des Kinderwagens und die Geräusche der Natur bewirken, dass viele schnell einschlafen. Sollte Ihr Baby Schwierigkeiten haben, tagsüber zu schlafen, nutzen Sie es aus, dass es im Kinderwagen schläft, und sorgen Sie so dafür, dass es ausreichend Schlaf bekommt.

Gehen Sie nicht nur im Sommer spazieren, sondern bei jedem Wetter. Gerade das Spazierengehen im Winter härtet Ihr Kind und Sie ab und schützt Sie beide somit vor Erkältungen. Achten Sie im Winter aber immer darauf, dass Ihr Kind warm genug gekleidet ist, und cremen Sie sein Gesicht gut mit einer Wintercreme (hoher Fettgehalt) ein, um die empfindliche Haut zu schützen.

WANN IST DIE RICHTIGE ZEIT FÜR DIE ERSTE SPAZIERFAHRT?

Der richtige Zeitpunkt des ersten Spaziergangs richtet sich nach der Jahreszeit. Haben Sie beispielsweise ein Sommerbaby, dann können Sie schon nach der zweiten Woche hinaus ins Freie gehen.

Der tägliche Spaziergang sollte zum festen Bestandteil Ihres Tagesablaufes werden. Achten Sie auf ausreichend Schatten, Zugluft und nicht zu viel Sonneneinstrahlung.

Da Ihr Säugling sehr empfindlich ist, achten Sie bitte, wenn Sie unterwegs sind, immer darauf, dass Ihr Kind nicht zu viel Sonne abbekommt. Auch im Kinderwagen kann Ihr Kind einen Sonnenbrand bekommen!

Was ist ein ausreichender Schutz vor Sonne und Hitze?
- Angemessene Kleidung (luftig und dünn); diese muss nicht unbedingt kurz sein, manchmal sind dünne, lange Sachen sogar angenehmer, da sie die Haut besser vor der Sonne schützen.
- In der Sonne sollten Sie Ihrem Kind einen Sonnenhut aufsetzen, der den Nacken und die Ohren gut vor UV-Strahlung schützt.
- Cremen Sie Ihr Kind gründlich ein. Es gibt für die sehr empfindliche Babyhaut spezielle Sonnencremes. Achten Sie immer darauf, alle Stellen gut einzucremen, auch die Hautfalten im Nacken und am Hals oder an den speckigen Babyarmen und -beinen. Nehmen Sie immer Sonnencreme für unterwegs mit.
- Verwenden Sie Sonnencreme mit Lichtschutzfaktor 50 und cremen Sie Ihr Kind mehrfach am Tag ein.

- Achten Sie auf Sonnenschutz im Kinderwagen. Das Verdeck der Kinderwagen lässt sich je nach Bedarf weiter öffnen bzw. schließen. Manche Verdecke kann man per Reißverschluss teilen, sodass zudem frische Luft in den Kinderwagen kommt. Ein neuer Trend seit einigen Jahren sind sogenannte Sonnensegel für den Kinderwagen. Diese werden vom Verdeck des Kinderwagens zum Schiebebügel gespannt, sodass Ihr Kind komplett geschützt liegt. Es gibt auch Sonnenschirme für Kinderwagen, die jedoch nur empfehlenswert sind, wenn es windstill ist, ansonsten können Sie sie nicht richtig positionieren.
- Fassen Sie zwischendurch ins Innere des Kinderwagens und vergewissern Sie sich, dass es nicht zu heiß unter dem Verdeck ist. Die Hitze kann sich nämlich ziemlich schnell im Kinderwagen stauen.

EXPERTENTIPP

Egal was Sie machen oder wohin Sie mit Ihrem Kind unterwegs sind, denken Sie immer daran, dass Ihr Nachwuchs viel empfindlicher ist als Sie. Was für Sie angenehm warm auf der Haut ist, kann bei Ihrem Baby schon Verbrennungen auslösen.

Schwimmbadbesuch

Wenn Ihr Kind ca. zwei Monate alt ist, können Sie den ersten gemeinsamen Schwimmbadbesuch wagen. Babys finden es normalerweise total klasse, sich im Wasser zu bewegen. Viele Bewegungen, die an Land noch nicht so gelingen wollen, fallen ihnen im Wasser eben viel leichter. Wenn Sie sich also sicher genug mit Ihrem Kind fühlen, dann auf in das nächste Schwimmbad!

Das sollten Sie beachten, wenn Sie mit Ihrem Baby ins Schwimmbad gehen:

- Überlegen Sie sich, zu welcher Uhrzeit Sie ins Schwimmbad gehen. Gerade nachmittags, wenn die Schule vorbei ist, oder an den Wochenenden sind viele Schwimmbäder rappelvoll. Das kann Ihr Kind gerade bei den ersten Schwimmbadbesuchen noch ein wenig überfordern. Vielleicht gehen Sie die ersten Male vormittags unter der Woche.
- Nehmen Sie sich ruhig jemanden zum Helfen mit. Gerade das erste Mal sind Sie vielleicht noch etwas unbeholfen, besonders wenn es um die Situation des Umziehens vor und nach dem Schwimmen geht. Da ist eine helfende Hand manchmal ganz angenehm.
- Kaufen Sie Ihrem Baby Schwimmwindeln – diese gibt es als Wegwerfvariante und auch als Wechselstoffwindel. Kleinere oder größere Malheure können in dem Alter noch passieren, und mit diesen Windeln wird das Gröbste verhindert.
- Bleiben Sie bei den ersten Schwimmbadbesuchen nicht zu lange im Wasser, ca. 15 Minuten am Stück reichen für den Anfang. Machen Sie dann erst einmal eine Pause und gehen Sie lieber später noch mal schwimmen. Vermeiden Sie auf jeden Fall, dass Ihr Kind friert, weder im Wasser noch in den Pausen. Deshalb nehmen Sie immer auch ein großes Badehandtuch mit ins Schwimmbad.
- Wenn Sie im Wasser sind, beobachten Sie genau, wie Ihr Kind sich fühlt. Wenn Sie merken, dass es überfordert ist, Angst bekommt oder sich unwohl fühlt, beenden Sie am besten den Schwimmbadbesuch. Versuchen Sie es aber in naher Zukunft noch einmal, um Ihr Baby langsam an die Aufregung zu gewöhnen.
- Nehmen Sie Ihrem Baby auf jeden Fall etwas zu trinken oder den etwas Größeren auch einen kleinen Snack mit, denn nach dem Schwimmen ist jeder erst einmal hungrig und durstig.

Schwimmen mit Babys und Kleinkindern ist etwas ganz Tolles, genießen Sie also dieses Erlebnis und wiederholen Sie es, so oft es geht.

Restaurantbesuch

Für Sie als frischgebackene Eltern ist es wichtig, auch mal etwas anderes als die heimischen vier Wände zu sehen. Sie fragen sich vielleicht, ob Sie den Versuch Restaurantbesuch wagen sollen. Die Antwort darauf lautet: Natürlich! Gerade wenn die Babys noch sehr klein sind und viel schlafen, ist ein Restaurantbesuch meist total unkompliziert.

Was gilt es zu beachten?

- Wählen Sie einen guten Zeitpunkt für den Restaurantbesuch, vielleicht direkt nachdem Sie Ihr Baby gefüttert haben und es in der Regel erst einmal schläft. Dann können Sie entspannt essen.
- Wählen Sie das Restaurant mit Bedacht aus. Beachten Sie Faktoren wie übermäßigen Lärm – normale Restaurantgeräusche sind okay, aber ein Restaurant, in dem gerade ein Fußballspiel übertragen wird, ist vielleicht ungünstig.
- Auch der Platz am Tisch ist wichtig. Das Restaurant sollte so geräumig sein, dass Sie den Kinderwagen bequem am Tisch stehen haben können, ohne dass dieser den Betrieb behindert. Oder aber es gibt eine Möglichkeit, Ihren Säugling in der Babyschale neben sich zu stellen, z. B. auf einer Eckbank.
- Überlegen Sie auch, zu welcher Tageszeit Sie ins Restaurant gehen. Wenn es sehr voll ist, müssen Sie sich unter Umständen auf lange Wartezeiten einstellen, was mit einem Kind, das jeden Moment aufwachen könnte, nicht so angenehm ist. Oder aber bestellen Sie Ihr Essen schon im Voraus, sodass Sie kurz nachdem Sie das Restaurant betreten schon Ihr Gericht serviert bekommen.
- Achten Sie bei der Restaurantauswahl auch auf Wickelmöglichkeiten oder ob Sie, wenn nötig, Ihr Baby in einer Ecke relativ ungestört stillen können.

DIE GESUNDHEIT DES BABYS

Eines ist sicher: Wenn Ihr Kind krank ist, braucht es Hilfe! Und zwar einerseits medizinische Hilfe, damit es wieder gesund werden kann. Ebenso sehr braucht es aber auch Ihre besondere Aufmerksamkeit und Zuwendung. Mit der richtigen Kombination aus beidem ist Ihr kleiner Schatz schnell wieder auf den Beinen.

Soforthilfe

Je nach Art und Situation kann es sein, dass Ihr Kind sehr schnell Hilfe braucht. In lebensbedrohlichen Fällen sollten Sie sich nicht scheuen, **SOFORT** den Notarzt unter folgender Nummer zu rufen: **112**.

Falls es Ihrem Kind nicht gut geht und dies nachts oder am Wochenende oder im Urlaub Ihres Kinderarztes der Fall sein sollte, erreichen Sie **den ärztlichen Bereitschaftsdienst unter 116 117** deutschlandweit.

SCHNELLE HILFE MIT DER NOTRUFLISTE

Erstellen Sie sich eine Notrufliste mit den wichtigsten Telefonnummern und hängen Sie diese an eine gut sichtbare Stelle. Dort können Sie ggf. auch die wichtigsten Dokumente (Versichertenkarte, gelbes U-Heft, Impfpass, ggf. Fahrkarte etc.) aufbewahren.

Diese Liste kann zudem sehr hilfreich sein, wenn mal jemand anderes auf Ihr Kind aufpasst.

- Notarzt: 112
- Polizei: 110
- Ärztlicher Bereitschaftsdienst: 116 117
- Nummer bei Vergiftungen: Tragen Sie hier die jeweilige Giftnotrufnummer Ihrer Region ein; eine Übersicht finden Sie auf der Webseite des Bundesamtes für Verbraucherschutz und Lebensmittelsicherheit (www.bvl.bund.de).
- Kinderarzt: Hier notieren Sie bitte die Telefonnummer Ihres Kinderarztes.
- Wenn erforderlich Nummern weiterer Fachärzte oder des nächstgelegenen Krankenhauses
- Vater erreichbar unter
- Mutter erreichbar unter
- Großeltern
- Kita/Tagesmutter o. Ä.
- Babysitter
- Einige Krankenkassen bieten einen 24-Stunden-Kindernotfall-Telefondienst an. Erkundigen Sie sich bei Ihrer Krankenkasse danach und notieren Sie sich die Nummer ggf. ebenfalls.

Falls Ihr Kind sich anders verhält als sonst und Sie die Vermutung haben, dass es krank sein könnte, ist es wichtig, dass Sie es zunächst genau beobachten. Lernen Sie, kleine Veränderungen oder erste Anzeichen für mögliche Krankheiten wahrzunehmen. Aber erwarten Sie nicht, dass Ihnen das sofort und immer gelingt, hierzu braucht es Zeit! Sie werden merken, dass Sie zunehmend sicherer werden und ein gutes Gespür dafür entwickeln, ob Ihr Kind ernsthaft krank ist und

Sie Ihren Kinderarzt aufsuchen oder ob es reicht, ein bewährtes Hausmittel anzuwenden oder in Ihre Notfallapotheke zu greifen.

Auf der Internetseite der Kinderärzte im Netz (www.kinderaerzte-im-netz.de/krankheiten) können Sie im Online-Lexikon fast alle Kinderkrankheiten von A bis Z nachschlagen. Wenn Sie sich unsicher sind, fragen Sie Ihren Kinderarzt oder Ihre Hebamme lieber einmal zu viel als zu wenig. Manchmal reicht auch eine telefonische Klärung. Insbesondere die Gabe von Medikamenten sollten Sie mit Ihrem Kinderarzt oder einem Apotheker absprechen.

Außerdem sollten Sie regelmäßig die Vorsorgeuntersuchungen mit Ihrem Kind wahrnehmen und Ihr Kind durch die notwendigen Schutzimpfungen vor schweren Infektionskrankheiten schützen.

Notfall-/Hausapotheke

Natürlich hoffen Sie als Eltern immer darauf, dass Ihr Kind kerngesund bleibt und so selten wie möglich erkrankt. Aber spätestens wenn es regelmäßigen Kontakt mit anderen Kindern hat, erhöht sich das Erkrankungsrisiko enorm.

Um auf die verschiedenen Erkrankungen vorbereitet zu sein, lohnt es sich, einige Medikamente vorrätig zu Hause zu haben. Sie sollten für Ihr Kind eine separate Notfall-/Hausapotheke anlegen, weil Kinder, außer in Ausnahmefällen, nicht mit Medikamenten für Erwachsene behandelt werden dürfen.

Ganz wichtig ist, dass Sie die Hausapotheke für Ihr Kind unzugänglich aufbewahren. Am besten bringen Sie sie in einem abschließbaren Schrank unter, der sich außerhalb der Reichweite Ihres Kindes befindet.

DAS GEHÖRT IN DIE HAUSAPOTHEKE

- Hautdesinfektionsmittel (PVP-Lösung), sterile Lagen (ca. 5 x 5 cm), Pflaster, Elastomull, Brandwundauflage, Dreieckstuch, Verbandsschere (diese Dinge sind identisch zu Ihrer eigenen Erwachsenenhausapotheke)
- digitales Fieberthermometer
- Wärmflasche/Kirschkernkissen
- Taschenlampe (wenn Ihr Kind sich beispielsweise am Kopf verletzt hat und Sie die Pupillen kontrollieren möchten)

MEDIKAMENTE

- Wund- und Heilsalbe
- Zäpfchen und/oder Saft gegen Schmerzen und Fieber. Ein Fiebermittel sollten Sie immer zu Hause haben, in der Regel verwendet man in den ersten Monaten Fieberzäpfchen, diese gibt es von unterschiedlichsten Herstellern. Lassen Sie sich die Fiebersenker vom Kinderarzt verschreiben. Bei der Wahl des Fiebermittels sollten Sie immer auf das Körpergewicht des Kindes achten, da das Fiebermittel entsprechend dosiert verabreicht wird. Neben den klassischen Fiebermitteln können Sie auch homöopathische Mittel ausprobieren. Mehr dazu finden Sie im Kapitel „Homöopathie".
- Ein Mittel gegen Erbrechen und Durchfall im Haus zu haben ist ebenfalls ratsam. Gegen Erbrechen gibt es Vomacur-Zäpfchen, gegen Durchfall spezielle Milchsäurebakterien in Pulverform.
- Abschwellende Nasentropfen: Achten Sie hier genau auf das Verfallsdatum und berücksichtigen Sie die Konzentration.
- Zinkoxidsalbe (weiche Zinkpaste) hilft gegen Hautausschlag und einen wunden Po.
- Einfache Tees wie Kamillen- oder Salbeitee lassen sich bei diversen Erkrankungen einsetzen.

Lassen Sie sich bei allen Arzneien ausgiebig in Ihrer Apotheke beraten. Denn nur dann können Sie sich wirklich sicher sein, dass Sie Ihrem Kind die Medikamente auch in der richtigen Dosierung verabreichen. Wenn Sie sich unsicher sein sollten, rufen Sie lieber nochmals in der Apotheke an und fragen Sie nach.

Homöopathie

Man muss nicht gleich jede Erkrankung mit der Chemiekeule bekämpfen, die Homöopathie kennt viele Mittel, die Ihrem Kind schnell und gut helfen können. Viele Kinderärzte haben inzwischen eine naturheilkundliche Zusatzqualifikation. Der Kinderarzt mit Zusatzausbildung wird Ihnen je nach Diagnose fast immer auch homöopathische Alternativen zur Allgemeinmedizin aufzeigen. Sollte Ihr Kinderarzt keine Zusatzqualifikation haben, können Sie auf eigene Kosten zum Heilpraktiker gehen und sich dort die erwünschte Hilfe holen. Viele Krankenkassen übernehmen hierfür die Kosten anteilig oder komplett.

Hier finden Sie eine Übersicht der wichtigsten homöopathischen Mittel:

Mittel	Anzeichen/Krankheit
Aconitum D6	• Fieber mit blasser Haut • Kind ist müde, ängstlich, anhänglich • Schock oder Schreck
Apis mellifica D6	• Insektenstiche • Halsschmerzen mit blassem, angeschwollenem Rachen oder Zäpfchen
Arnica D6	• alle Verletzungen • Prellungen, Quetschungen, Zerrungen • Schürfwunden
Belladonna D12	• plötzliches Fieber • Ohrenschmerzen, Sonnenbrand, Zahnungsbeschwerden
Calcium phos. D12	• Wachstumsschmerz

Mittel	Anzeichen/Krankheit
Calendula D6	• Wundheilung bei Schürfwunden, Platzwunden oder Schnitt- und Bisswunden
Chamomilla D6	• Zahnungsbeschwerden • Drei-Monats-Koliken • Windelausschlag • Kind schreit und will getragen werden und lässt sich nur schwer beruhigen
Cocculus	• Reisekrankheit (besonders vorbeugend), Schlafmangel, Jetlag
Drosera D6	• krampfartiger Husten, auch mit Erbrechen
Ferrum phos. D12	• Fieber, langsam ansteigend • beginnende Entzündungen • Ohrenschmerzen
Pulsatilla D6	• Zahnungsbeschwerden • Schnupfen, mal läuft die Nase, mal ist sie zu • Erbrechen nach Eis und Kuchen, Durcheinanderessen • Kind ist weinerlich, anhänglich und lässt sich nur schwer beruhigen
Sambucus nigra D3	• Schnupfen, verstopfte Nase, beim Atmen werden gelbe Bläschen sichtbar
Okoubaka D12	• Magen-Darm-Beschwerden, Durchfall, Übelkeit, Erbrechen • Verdauungsstörungen nach Antibiotika • Kostumstellung

Beachten Sie bitte die folgenden Dosierungsanleitungen:
• Säuglinge: 1 Globuli (Kügelchen) pro Dosierung
• Kleinkinder: 3 Globuli (Kügelchen) pro Dosierung

Diese Empfehlungen sind nicht vollständig und ersetzen auch nicht den Besuch oder Rat eines Arztes oder Heilpraktikers. Viele Apotheken sind auf Homöopathie spezialisiert, fragen Sie dort auch nach Dosierung und Verabreichung.

Der richtige Kinderarzt

Die Wahl des richtigen Kinderarztes fällt einem nicht immer leicht. Manch ein Elternteil erinnert sich mit Schrecken an die eigenen Besuche beim Kinderarzt und ist verunsichert, wie das eigene Kind auf die Arztbesuche regieren wird.

EXPERTENTIPP

Erkundigen Sie sich bei anderen Eltern oder Ihrer Hebamme nach einem guten Kinderarzt. Die Empfehlungen anderer sind in der Regel Gold wert.

Erstellen Sie vor dem ersten Kinderarztbesuch eine Checkliste mit Dingen, die Ihnen wichtig sind, und werten Sie diese nach dem Besuch aus. Mögliche Punkte können sein:

- Telefonische Erreichbarkeit des Arztes: Ist ständig besetzt oder nimmt schnell jemand ab?
- Terminvergabe: Bekomme ich in einer angemessenen Zeit einen Termin?
- Ist der Arzt auch mit öffentlichen Verkehrsmitteln gut zu erreichen, wie sind die Parkmöglichkeiten?
- Ist das Personal am Empfang freundlich?
- Wie sind die Warteräume gestaltet? Gibt es Spielsachen für unterschiedliche Altersklassen? Gibt es unterschiedliche Warteräume für Säuglinge und Kleinkinder? Gibt es eine Stillecke? Sind die Sanitärräume sauber und gibt es eine Kindertoilette und eine Wickelmöglichkeit?
- Wie sind die Wartezeiten in der Praxis?

- Wie ist der Erstkontakt mit dem Arzt? Nimmt er sich Zeit, um Sie kurz kennenzulernen, oder fängt er direkt mit der Untersuchung an?
- Wie geht der Arzt mit Ihrem Kind um? Haben Sie das Gefühl, dass Ihr Kind Angst hat oder fühlt es sich der Situation entsprechend?
- Erklärt der Kinderarzt Ihnen genau, was er tut und warum?
- Nimmt der Kinderarzt sich die Zeit für Ihre Fragen oder haben Sie das Gefühl, dass er Sie schnell abfertigen möchte?

Wenn Sie mit offenen Fragen und einem unguten Gefühl aus der Arztpraxis gehen, ist der Kinderarzt nicht der richtige für Sie! Haben Sie kein schlechtes Gewissen, wenn Sie wechseln möchten – es geht um Ihr Kind und das sollte immer die bestmögliche Betreuung bekommen!

Das gelbe U-Heft

Das gelbe U-Heft bekommen Sie in der Regel noch im Krankenhaus nach den ersten Untersuchungen ausgehändigt. In dem Heft werden alle Vorsorgeuntersuchungen, die der Kinderarzt im Laufe der ersten Jahre vornimmt, eingetragen und die Entwicklung des Kindes dokumentiert. Sie finden dort verschiedene Grafiken, in die jeweils Größe, Gewicht und Kopfumfang Ihres Kindes eingetragen werden. Diese Daten können Sie mit den Durchschnittswerten aller Kinder vergleichen. Aber keine Panik, Ihr Kind muss nicht genau der Norm entsprechen. Sollte im Rahmen der Vorsorgeuntersuchungen festgestellt werden, dass die Entwicklung Ihres Kindes auffällig ist, wird dies dokumentiert und Sie werden gegebenenfalls an einen anderen Facharzt oder eine spezielle Einrichtung überwiesen. Bewahren Sie das Vorsorgeheft immer gut auf und nehmen Sie es zu allen Arztbesuchen und Vorsorgeuntersuchungen mit.

Vorsorgeuntersuchungen

Die sogenannten Vorsorgeuntersuchungen sind Früherkennungsuntersuchungen, bei denen mögliche körperliche, geistige und soziale Störungen frühzeitig erkannt und behandelt werden können. Es gibt zehn Vorsorgeuntersuchungen, die zu den Pflichtleistungen der gesetzlichen Krankenkassen gehören.

Gut zu wissen: Es sind keine Pflichtuntersuchungen. In manchen Bundesländern, unter anderem in Nordrhein-Westfalen, gibt es aber eine Meldepflicht für Kinderärzte über die Untersuchung und über versäumte Vorsorgeuntersuchungen. Dies dient dem Schutz der Kinder, um mögliche Fälle von Verwahrlosung, Missbrauch und Vernachlässigung frühzeitig erkennen zu können.

Überblick über die Inhalte der Vorsorgeuntersuchungen

Vorsorgeuntersuchungen	Das prüft der Kinderarzt
U1 Unmittelbar nach der Geburt	• Überprüfung von Atmung und Herzschlag • Erhebung von Körpergewicht, Körperlänge sowie Kopfumfang des Kindes • Überprüfung von Hautfarbe des Neugeborenen, der Muskelspannung und der Reflexe • Neugeborenen-Screening: Blutentnahme am zweiten oder dritten Lebenstag und Untersuchung auf Anzeichen angeborener Krankheiten • Früherkennung auf angeborene Hörstörungen
U2 Drei bis maximal zehn Tage nach der Geburt	• Untersuchung von Motorik und Organen wie Herz, Lunge, Magen und Darm • Überprüfung des Stoffwechsels und der Hormonproduktion
U3 Vierte bis sechste Lebenswoche	• Kontrolle der Körperhaltung des Babys • Ultraschalluntersuchung, um zu überprüfen, ob eine Fehlstellung im Hüftgelenk vorliegt • Erhebung von Körpergewicht, Körperlänge sowie Kopfumfang des Kindes • Überprüfung des Hörvermögens

Vorsorgeuntersuchungen	Das prüft der Kinderarzt
U4 Dritter bis vierter Lebensmonat	• Überprüfung von Bewegungsverhalten und motorischer Entwicklung • eingehende körperliche Untersuchung • Kontrolle von Hüftgelenk, Nervensystem sowie Hör- und Sehvermögen • ggf. Routineimpfung
U5 Sechster und siebter Lebensmonat	• eingehende körperliche Untersuchung • altersgemäße Entwicklung: Das Kind sollte beispielsweise bereits in der Lage sein, erste Laute zu bilden und sich vom Rücken auf den Bauch zu drehen.
U6 Zehnter bis zwölfter Lebensmonat	• Beweglichkeitskontrolle und Sprache: Das Kind sollte sitzen, krabbeln und stehen können. Auch die ersten Schritte an der Hand fallen in dieses Lebensalter. Das Kind kann auf vertraute Geräusche reagieren und erste Worte wie „Mama" oder „Papa" sagen.
U7 21. bis 24. Lebensmonat	• Überprüfung von Sinnesorganen und motorischer Entwicklung: Das Kind sollte sicher laufen können sowie in der Lage sein, bekannte Gegenstände zuzuordnen und zu benennen. • Untersuchung der geistigen, sozialen Entwicklung und der Sauberkeitsentwicklung
U7a 34. bis 36. Lebensmonat	• Untersuchung der körperlichen Gesundheit • Untersuchung auf psychische Erkrankungen • Überprüfung auf sonstige Auffälligkeiten, Sprachentwicklungsstörungen, Übergewicht • Erkennen von allergischen Erkrankungen
U8 46. bis 48. Lebensmonat	• Untersuchung der körperlichen Beweglichkeit und Koordinationsfähigkeit, der Muskelkraft und des Zahnstatus • Untersuchung der körperlichen Geschicklichkeit (z. B. Stehen auf einem Bein) • Neben dem Seh- und Hörvermögen sowie der Sprachentwicklung achtet der Arzt nun auch genau auf das soziale Verhalten, den Grad der Selbstständigkeit und auf die Kontaktfähigkeit des Kindes.
U9 Fünf bis fünfeinhalb Lebensjahre	• Untersuchungen wie U8, besonders wichtig im Jahr vor der Einschulung

Unser Tipp: Gehen Sie unbedingt immer zu allen Vorsorgeuntersuchungen, denn hier erhalten Sie die Bestätigung, dass sich Ihr Kind vollkommen normal entwickelt. Diese Untersuchungen gewährleisten, dass mögliche Erkrankungen frühzeitig erkannt werden und Sie die notwendige Unterstützung bekommen, die erforderlich ist. Haben Sie keine Angst davor, dass der Kinderarzt denken könnte, dass Ihr Kind misshandelt wird, nur weil es blaue Flecken hat – blaue Flecken gehören zum Kindsein dazu und der Kinderarzt hat ein geschultes Auge in Bezug auf das, was im Alltag passieren kann und was nicht!

> **! EXPERTENTIPP**
>
> Die Bundeszentrale für gesundheitliche Aufklärung zur Kindergesundheit bietet auf ihrer Internetseite www.kindergesundheit-info.de Elternbriefe im E-Mail-Abo an, die Sie in den ersten Lebensjahren Ihres Kindes immer parallel zu den jeweils anstehenden Früherkennungsuntersuchungen kostenlos erhalten und in denen Sie wertvolle Informationen und Hinweise sowie ein Merkblatt zur jeweils anstehenden Vorsorgeuntersuchung finden.

Größe/Wachstum

Jedes Kind wächst unterschiedlich! Im gelben U-Heft finden Sie eine Grafik mit den Durchschnittswerten der verschiedenen Altersstufen (nach Geschlecht getrennt). Es gibt aber keine eindeutige Vorgabe, dass Ihr Kind immer genau in diesem Durchschnittsbereich liegen muss. Der Kinderarzt wird Sie darauf hinweisen, wenn er das Gefühl hat, dass Ihr Kind zu sehr von der Norm abweicht.

Um festzustellen, ob es der Norm entspricht, müssen Sie sich natürlich auch immer selbst anschauen. Sind Sie eher klein, wird Ihr Kind sich wahrscheinlich auch eher im unteren Bereich der Wachstumskurve befinden. Sind Sie jedoch eher groß, wird Ihr Kind mit ziemlicher Wahrscheinlichkeit auch eher groß werden.

Das Wachstum verläuft nicht immer gleichmäßig. In den ersten Jahren entwickelt sich Ihr Kind in so vielen Bereichen gleichzeitig, dass manchmal ein Bereich (z. B. die sprachliche Entwicklung) ganz schnell vorangeht und dafür ein anderer (z. B. die Motorik) etwas hinterherhinkt. Und gerade in der Wachstumsphase kommt es immer wieder vor, dass das Kind phasenweise keinen Zentimeter wächst und dann innerhalb weniger Wochen alle Kleidungsstücke zu klein werden.

Gewicht

Weder Unter- noch Übergewicht sind bei den Kleinsten empfehlenswert. Betrachten Sie jedoch immer das Gewicht in Bezug auf die Größe Ihres Kleinkindes. Mir hat einmal eine nachlässige Sprechstundenhilfe bei einer Vorsorgeuntersuchung gesagt, mein Kind sei ein wenig übergewichtig (meine Tochter ist jedoch groß und dünn). Als ich sie bat, sich meine Tochter anzuschauen, überprüfte sie die Größe meiner Tochter, und der Fehler war gefunden: Da sie überdurchschnittlich groß für ihr Alter war, waren die gewogenen Kilos natürlich angemessen.

EXPERTENTIPP !

An den Kurven im gelben U-Heft können Sie ablesen, ob sich Ihr Kind im Durchschnittsbereich befindet. Ein wichtiges Maß ist der BMI (Body-Mass-Index), er berechnet den Zusammenhang zwischen Größe und Gewicht. Wichtig ist aber auch, das entsprechende Alter des Kindes zu berücksichtigen. Auf der Internetseite www.kinderaerzte-im-netz.de finden Sie einen BMI-Rechner, der Ihnen aufzeigt, ob Ihr Kind unter-, normal- oder übergewichtig ist.

Sollte Ihr Kind untergewichtig sein, wird der Kinderarzt wahrscheinlich weitere Untersuchungen vornehmen, um die Ursache herauszufinden, eine ernsthafte Erkrankung auszuschließen und einer möglichen Mangelernährung vorzubeugen. Letztere kann sich negativ auf die Gesamtentwicklung Ihres Kindes auswirken, deshalb ist es wichtig, bei der Ernährung auf abwechslungsreiche, nahrhafte Kost zu achten. Bei Flaschenkindern haben Sie die Kontrolle, wie viel Ihr Kind zu sich nimmt; wenn Sie Ihr Kind stillen, ist dies schwieriger zu überprüfen. Die Dauer des Stillens sagt nämlich rein gar nichts über die getrunkene Menge aus. Sollte die Hebamme oder der Kinderarzt die Befürchtung haben, dass das Stillkind nicht ausreichend zunimmt, hilft nur das Wiegen vor und nach dem Stillen. Dafür kann man sich auf Rezept eine Babywaage aus der Apotheke ausleihen.

Übergewicht ist bei Stillkindern relativ selten, bei Flaschenkindern kann dies jedoch aufgrund der Zusammensetzung der Milch auch schon im Säuglingsalter auftreten. Manchmal hilft es, einfach mal den Hersteller zu wechseln, wenn Sie das Gefühl haben, dass Ihr Säugling übermäßig zunimmt. Sprechen Sie zu diesem Thema auch Ihre Hebamme an, sie hat wertvolle Tipps für Sie. Wenn Ihr Kind schon „normal" isst und übermäßig zunimmt, sollte auch hier geprüft werden, warum das so ist, denn dieses Übergewicht im Kleinkindalter kann schwere Folgen für die Gesamtentwicklung haben.

> **! EXPERTENTIPP**
>
> Sollten Sie das Gefühl haben, dass Ihr Kind sehr dünn oder ziemlich pummelig ist, schreiben Sie über mehrere Tage auf, was es alles so über den Tag verteilt isst und in welchen Mengen. Dies können Sie dann gemeinsam mit Ihrem Kinderarzt besprechen und gegebenenfalls etwas an dem Speiseplan ändern. Oder aber Sie bekommen die Bestätigung, dass Sie alles genau richtig machen!

Kopfumfang

Der Kopfumfang ist eine weitere Messgröße, die bei den Vorsorge-untersuchungen überprüft wird. Das Wachstum des Kopfes gibt dem Kinderarzt einen zusätzlichen Hinweis über mögliche Entwicklungs-verzögerungen. Auch hier ist der Blick auf die anderen Messwerte und die Größe der Eltern ratsam!

Die Verdauung

Wenn Sie den Windelinhalt Ihres Babys kontrollieren, um herauszu-finden, ob alles in Ordnung ist, dann sind Sie in den ersten Tagen und Wochen vielleicht verunsichert. Denn der Windelinhalt sieht etwas anders aus als das, was Sie kennen.

Das ist völlig normal, denn der Inhalt hängt vom Alter Ihres Kindes ab und davon, ob es noch gestillt wird, schon die Flasche bekommt oder gar den ersten Brei.

Vielleicht beruhigt es Sie, dass es keine feste Regel gibt, wie häufig Ihr Säugling in die Windel machen sollte. Es kann auch vorkommen, dass Ihr Stillbaby an manchen Tagen gar keinen Stuhlgang hat. Die Faust-regel ist: Wenn der Stuhlgang weich ist und Ihr Baby nicht stark drü-cken muss, um diesen loszuwerden, dann ist es nicht so wichtig, wie oft Ihr Kind in die Windel macht.

Der Stuhlgang Ihres Neugeborenen

Nach der Geburt scheidet Ihr Baby das sogenannte Mekonium oder auch Kindspech aus. Diese etwas zähe, grün-schwarze Flüssigkeit, die sich während der Schwangerschaft in seinem Darm gebildet hat, muss erst einmal raus! Erst dann kann sich langsam der normale Stuhlgang seinen Weg bahnen.

Nach etwa zwei Tagen wird sich der Stuhl bräunlich-grün verfärben und in eine lockere, breiige, etwas gelbliche Konsistenz übergehen.

Stuhlgang bei Flaschenkindern

Die Konsistenz des Stuhlgangs Ihres Flaschenbabys wird eher hellgelber oder gelblich-bräunlich sein. Auch wird die Konsistenz etwas fester sein, da die Milchnahrung den Stuhl etwas fester macht. In der Regel haben Flaschenkinder einen etwas regelmäßigeren, fast täglichen Stuhlgang.

EXPERTENTIPP

Mit dem Stuhlgang wird es schwieriger, je länger die Nahrung im Darm bleibt. Deshalb sollten Sie darauf achten, dass Ihr Baby möglichst einmal am Tag in die Windel macht. Die Möglichkeit einer Verstopfung erhöht sich sonst deutlich. Sprechen Sie rechtzeitig mit Ihrem Kinderarzt, wenn Ihr Baby Verdauungsprobleme hat.

Stillen und Stuhlgang

Wahrscheinlich wird Ihr Baby, wenn Sie stillen, seinen Stuhlgang direkt nach dem Stillen erledigen. Es ist also enorm zeitsparend, wenn Sie Ihr Kind erst nach der Mahlzeit neu wickeln. Leider hält dieser Rhythmus nur an, solange die Abstände zwischen den Mahlzeiten nicht größer werden oder Sie mit der Beikost beginnen.

Stuhlgang bei der Umstellung auf Säuglingsnahrung

Auch diese Nahrungsumstellung wird sich natürlich wieder in der Windel zeigen. Seien Sie also nicht beunruhigt, wenn sich der Stuhl etwas verändert und deutlich fester wird.

Stuhlgang bei der Umstellung auf Brei

Die größte Umstellung für die Verdauung und den Stuhlgang wird die Umstellung auf feste Nahrung sein, und dazu zählt auch Brei. Wenn Sie beginnen, Ihrem ca. sechs Monate alten Baby Karottenbrei zu geben, dann wird der nächste Windelinhalt hellorange sein.

In den folgenden Tagen und Wochen werden Sie feststellen, dass der Stuhlgang dunkler und dicker wird, je größer die Bandbreite an Breisorten ist, und dass der Stuhl auch immer strenger riecht.

Es ist normal, dass ballaststoffreiche Lebensmittel wie Rosinen, Kartoffeln oder Brokkoli zunächst unverdaut in der Windel ankommen. Machen Sie sich keine Sorgen, der Magen und der Darm Ihres Kindes müssen erst lernen, diese neuen Lebensmittel zu verdauen.

> **WANN IST DER STUHLGANG BEI BABYS AUFFÄLLIG?**
>
> **Durchfall**
> Hierbei handelt es sich um sehr flüssigen Stuhlgang, der häufig und in großen Mengen in die Windel geht. Stillbabys bekommen seltener Durchfall als Flaschenkinder.
>
> Tipp: Waschen Sie sich nach dem Wickeln immer sehr sorgfältig die Hände. Achten Sie außerdem sehr genau darauf, Flasche, Sauger etc. immer steril zu halten.

Ursache für Durchfall könnten aber auch Viren, zu viel Obst oder Saft, sogar das Zahnen, ein Medikament, eine Überempfindlichkeit oder eine Lebensmittelunverträglichkeit sein.

Wenn der Durchfall nicht innerhalb von 24 Stunden verschwunden ist oder sich deutlich bessert, bringen Sie Ihr Kind zum Kinderarzt.

Verstopfung

Läuft Ihr Baby beim Drücken vor Anstrengung rot an? Dann könnte dies ein Hinweis auf einen zu festen Stuhlgang oder eine Verstopfung sein!

Noch viel eindeutiger ist es, wenn der Stuhlgang hart und kugelartig ist. Das wird wahrscheinlich zeitgleich mit Bauchweh, einem harten Bauch und vielleicht auch minimal Blut im Stuhl einhergehen. Blut im Stuhl könnte durch das feste Drücken und kleine Risse im After entstehen. Wenn die Verstopfung so schlimm ist oder gar Blut im Stuhl ist, ist ein schneller Besuch beim Kinderarzt die richtige Entscheidung.

Grüner Windelinhalt

Grüner und schaumiger Stuhl könnte auf eine zu große Menge an Laktose (der natürliche Milchzucker) deuten. Er tritt manchmal auf, wenn Ihr Stillbaby oft, aber nicht lange genug trinkt, um die etwas gehaltvollere und fettere Milch am Ende zu sich zu nehmen. Achten Sie genau darauf, dass Ihr Säugling immer eine Brust leer trinkt, bevor Sie ihm die andere Brust geben.

Grüner Stuhl könnte aber auch auf einen Magenvirus oder Unter- oder Überernährung hinweisen. Egal was es ist, wenn der Stuhlgang länger als 24 Stunden grün ist, dann gehen Sie umgehend mit Ihrem Baby zu Ihrem Kinderarzt, um die Ursache zu finden. Auch wenn es am Wochenende ist!

Blutige Schlieren

Blutschlieren in der Windel oder im Stuhl können auf eine stärkere Verstopfung hinweisen.Sprechen Sie auf jeden Fall mit Ihrem Kinderarzt, um die Ursachen abzuklären.

> **AUCH IN SACHEN VERDAUUNG GILT: VERGLEICHEN SIE NICHT!**
>
> Ihr Kind ist einzigartig, das gilt auch für seine Verdauung. Manche Säuglinge und Kleinkinder haben ständig die Windel voll, bei anderen tut sich nur alle paar Tage etwas. Solange Ihr Kind sich gut entwickelt, gute Laune hat, regelmäßig die Windel nass macht und es keine sonstigen Beschwerden hat, besteht normalerweise kein Grund zur Beunruhigung.
>
> Ihre Hebamme ist immer ein guter Ansprechpartner in allen Fragen rund um die Ernährung und den Stuhlgang!

Bauchkneifen

Viele Säuglinge leiden in den ersten Monaten unter Bauchschmerzen. Meistens lassen sich die durch Luft im Bauch erklären und haben keine infektiösen Gründe. Die Luft im Bauch kann vielerlei Ursachen haben, gerade bei Stillkindern liegt es häufig mit daran, wie die Mutter sich ernährt, denn viele Lebensmittel wie z. B. Brokkoli oder Zwiebeln wirken blähend. Wenn Ihr Kind aus der Flasche trinkt, kann es sein, dass es beim Trinken zu viel Luft schluckt.

Um die Luft aus dem Bauch zu bekommen, ist es wichtig, dass Säuglinge nach dem Trinken ein Bäuerchen machen – bei Stillkindern kommt nicht immer Luft hoch, da diese meist beim Trinken nicht so viel Luft schlucken.

Tipp 1: Bauchmassage Lassen Sie sich von Ihrer Hebamme eine Bauchmassage zeigen. Bei dieser wird Kümmelöl spiralförmig um den Bauchnabel herum eingerieben. Sie können meist sogar die angestaute Luft im Babybauch fühlen und diese durch das Massieren nach draußen bewegen.

Tipp 2: Tee für den Babybauch Wenn Ihr Säugling mag, geben Sie ihm zwischendurch etwas Anis-Fenchel-Kümmeltee, dieser wirkt sehr beruhigend auf den empfindlichen Babybauch.

> **EXPERTENTIPP**
>
> Wichtig: Nicht alle Bauchschmerzen lassen sich wegmassieren oder durch die Ernährung lösen. Wenn Sie merken, dass die Bauchschmerzen sich verschlimmern bzw. nicht verschwinden, Ihr Kind sich vor Schmerz windet und eventuell dabei noch erbricht, gehen Sie bitte lieber einmal zu häufig als zu wenig zum Kinderarzt oder im akuten Notfall sogar ins Krankenhaus.

„Dreimonatskoliken"

Viele Säuglinge leiden in den ersten drei Monaten unter den sogenannten „Dreimonatskoliken". Dieser Begriff ist veraltet und rührt daher, dass früher Luft im Babybauch als Ursache für Bauchschmerzen und Blähungen vermutet wurde und die Säuglinge daher schrien. Heute weiß man aber, dass die Babys während des Schreiens Luft schlucken, also das Schreien Ursache und nicht Folge ist. Aus diesem Grund können die herkömmlichen Maßnahmen wie Entblähen, Tees usw. Ihrem Baby nicht helfen. Eine Bauchmassage kann leichte Linderung verschaffen, weil sich Ihr Säugling dabei entspannt.

Experten bezeichnen das Verhalten dieser Kinder als Regulationsstörung, weil diese Babys im Gegensatz zu anderen noch nicht gelernt haben, sich selbst zu beruhigen. Im Durchschnitt leiden Jungen häufiger unter Regulationsstörungen als Mädchen, und nicht bei jedem dauert dieser für Eltern und Kinder sehr anstrengende Zeitraum genau drei Monate.

Das Schreien ist in der Regel nicht gefährlich, aber für die Eltern stellt es eine Zerreißprobe dar, denn der Säugling brüllt scheinbar ohne Grund, manchmal sogar stundenlang. Meist gehen diese Brüllattacken nach dem Essen und in den Abendstunden los und die Eltern sind dann ziemlich ratlos, da ihr Kind ansonsten kerngesund zu sein scheint.

Mit dem Begriff „Regulationsstörung" sind in diesem Fall unterschiedliche Faktoren gemeint:

- gestörte Magen-Darm-Motorik und/oder unreife Darmflora
- zu hastiges Trinken und damit Verschlucken von Luft
- Interaktionsprobleme zwischen Eltern und Kind

Wenn Sie sich diese Faktoren näher betrachten, können Sie sich sicher gut vorstellen, dass die Situation nach der Geburt sowohl für Ihr Kind als auch für Sie erst einmal ungewohnt und vielleicht auch stressig ist. Viele Eltern haben Angst, etwas falsch zu machen, wodurch am ehesten Fehler entstehen.

Ihr Kind kann mit der neuen Situation auch noch nicht so richtig umgehen – vorher war es lange Zeit in Ihrem geschützten Bauch, immer satt, nun soll es plötzlich anders an Nahrung herankommen. Aber wie das genau funktioniert – abgesehen von seinem ureigenen Instinkt – ist Ihrem Baby zunächst völlig unbekannt. Hinzu kommt, dass die körperliche Entwicklung noch nicht ausgereift ist und der Körper sich erst auf diese Form der Nahrungsaufnahme einstellen muss. Wenn Sie sich dies alles also genauer betrachten, können Sie diese erste „Stresszeit" für Ihr Baby sicher nachempfinden.

Tipp 1: Entspannter Umgang Versuchen Sie, entspannt mit dieser Phase umzugehen. Geben Sie Ihrem Säugling viel Liebe und Geborgenheit und sorgen Sie für feste Tagesabläufe, damit so wenig wie möglich Unerwartetes in dieser Zeit passiert und Ihr Säugling sich erst einmal voll und ganz auf die Nahrungsaufnahme konzentrieren kann. In der Regel verschwindet das Schreien von einem Tag auf den anderen.

Tipp 2: Auszeiten nehmen Sorgen Sie in dieser Zeit für Auszeiten – denn keiner muss alleine durch diese Phase. Sonst sind Sie irgendwann gestresst und übertragen den Stress auf Ihr Kind.

Spucken

Es kommt häufig vor, dass Säuglinge etwas von der getrunkenen Milch wieder ausspucken. Und zwar aus folgenden Gründen:

- Das „Ventil", das den Magen zur Speiseröhre hin dichthalten soll, funktioniert am Anfang des Lebens noch nicht so zuverlässig. Man spricht dann vom Reflux, dem Zurückfließen der Nahrung in die Speiseröhre.
- Manchmal trinken Säuglinge zu schnell und zu viel, dann löst der Körper das Problem von selbst, indem er die überschüssige Menge wieder abgibt.
- Es kann aber auch sein, dass der Säugling zu schnell nach dem Trinken hingelegt wurde (und eventuell noch kein Bäuerchen gemacht hat).

Erbrechen

Ein Unterschied zum Spucken ist das Erbrechen – schwallartig und meist in größeren Mengen. Oft haben Kinder weitere Symptome wie Fieber, Müdigkeit und Schlappheit. Ähnlich wie beim Durchfall ist die Gefahr des Austrocknens groß, deshalb sollten Sie in diesem Fall zügig Ihren Kinderarzt aufsuchen, damit dieser die Ursache des Erbrechens finden kann und diese dann behandelt werden kann.

TIPPS GEGEN ZU VIEL LUFT IM BAUCH

Schütteln Sie das Fläschchen mit der Babynahrung nicht zu stark, damit sich nicht so viel Luft darin sammelt, die Ihr Baby mitschlucken wird.

Achten Sie auf den passenden Milchsauger. Wenn dieser zu große Löcher hat, kann es sein, dass Ihr Kind zu schnell zu viel Milch trinkt.

Wenn Sie stillen und sehr viel Milch haben, streichen Sie eventuell vor dem Anlegen Ihres Säuglings erst ein wenig Milch aus, damit die Milch nicht von alleine in eventuell zu großen Mengen in den Mund Ihres Kindes spritzt – Ihr Kind soll selber saugen!

Wenn Sie merken, dass Ihr Kind sehr schnell trinkt, legen Sie es zwischendurch mal über die Schulter zum Bäuerchenmachen.

Wenn Ihr Kind fertig getrunken hat, achten Sie darauf, dass es erst einmal Ruhe hat und in einer Position liegt oder getragen wird, in der sich der Kopf deutlich höher als der Rest des Körper befindet.

Das Spucken ist meist nichts Schlimmes. Sollten Sie jedoch das Gefühl haben, dass Ihr Kind wirklich nach jeder Mahlzeit immer und immer wieder spuckt, sprechen Sie dieses Problem bei Ihrem Kinderarzt an.

Das Impfen

Die Entscheidung, gegen welche Krankheiten Sie Ihr Kind impfen lassen, müssen Sie als Eltern selber treffen. Sie sollten sich gut über die möglichen Risiken einer Impfung und vor allem die Risiken der jeweiligen Krankheiten, gegen die geimpft werden kann, informieren. Erkundigen Sie sich beim Kinderarzt zu den Risiken, den möglichen Impfschäden und wie oft jemand, der nicht geimpft wurde, an der jeweiligen Krankheit erkrankt. In der Regel erhalten Sie vor der ersten Impfung ausführliches Informationsmaterial. Lassen Sie sich im Zweifel nochmals persönlich von Ihrem Kinderarzt aufklären.

TIPPS, DIE DAS IMPFEN ERLEICHTERN KÖNNEN

- Lassen Sie Ihr Kind nur impfen, wenn es gesund ist. Sollte es erkrankt sein, verschieben Sie den Termin. Der Kinderarzt wird Sie, bevor er impft, fragen, ob Ihr Kind wirklich gesund ist – sollten Sie unsicher sein, ob Ihr Kind gesund genug ist, scheuen Sie sich nicht, Ihren Arzt danach zu fragen.
- Seien Sie darauf vorbereitet, dass Ihr Kind bei der Impfung weinen wird. Versuchen Sie deshalb vorher und so ruhig wie möglich zu sein, damit sich Ihre Nervosität nicht auf Ihr Baby überträgt. Nehmen Sie Schnuller und Fläschchen mit zum Impfen, das Nuckeln wird Ihren Säugling schnell beruhigen.
- Nach der Impfung sollten Sie den Tag ruhig und in gewohnter Umgebung verbringen, manche Kinder sind an dem Tag etwas quengelig oder schläfriger als sonst.
- Es kann sein, dass Ihr Kind Fieber bekommt. Deshalb wird der Kinderarzt Sie beim Impfen fragen, ob Sie noch ein Medikament gegen Fieber zu Hause haben. Wenn Sie sich nicht sicher sind, lassen Sie sich ein Rezept geben und holen Sie das Medikament vorsichtshalber aus der Apotheke. So sind Sie vorbereitet.

Hautprobleme bei Babys

Trotz guter Pflege des Säuglings können Hautprobleme auftreten. Machen Sie sich jedoch keine Sorgen, die meisten sind harmlos und verschwinden in der Regel von ganz alleine wieder.

Hier einige der möglichen Hautprobleme:

Kopfgneis (Seborrhoische Dermatitis): Darunter versteht man eine talgige, weiß-gelbe Schuppenschicht auf der Kopfhaut des Säuglings. Sie tritt durch eine Überproduktion der Talgdrüsen auf und ist vollkommen harmlos. Meist verschwindet der Kopfgneis nach dem ersten Lebensjahr von ganz alleine.

Eltern sollten nicht versuchen, die Schuppen abzuknibbeln, da sonst Narben entstehen können. Allerdings sollte die Schorfschicht abends mit Öl eingerieben werden, am nächsten Morgen können die gelösten Schuppen vorsichtig mit einer Babybürste ausgebürstet werden.

Milchschorf (Säuglingsekzem): Als Milchschorf wird ein weißer, krümeliger und eventuell nässender Ausschlag bezeichnet, der – wie Kopfgneis – in der Regel auf der Kopfhaut auftritt, es können jedoch auch Gesicht und Arme betroffen sein. Im Unterschied zum Kopfgneis kann der Milchschorf mit einem unangenehmen Juckreiz verbunden sein. Bei manchen Kindern kann er ein erstes Anzeichen einer Neurodermitis sein. Daher ist es ratsam, einen Arzt aufzusuchen.

Tipps gegen den Juckreiz:
- Kinder sollten möglichst nicht schwitzen, da dies den Juckreiz verstärkt.
- Ratsam sind Kleidung und Wäsche aus weicher Baumwolle.
- Nach dem Baden oder Duschen ist es sinnvoll, das Kind mit einer rückfettenden Pflegesalbe einzucremen.
- Es empfiehlt sich, die Fingernägel des Kinds kurz zu halten oder ihm kleine Baumwollfäustlinge anzuziehen, um das Kratzen und dadurch entstehende Entzündungen zu vermeiden.

Babyakne Etwa jeder fünfte Säugling leidet unter Babyakne. Sie äußert sich durch kleine Pickelchen, die vollkommen harmlos sind und durch die Hormonumstellung nach der Geburt entstehen. In der Regel sind die kleinen Pickelchen nach wenigen Wochen verschwunden und benötigen keine besondere Pflege.

Feuermal (Storchenbiss): Dieses rote Mal hat fast jeder zweite Säugling. Diese harmlose Hautveränderung entsteht durch die Erweiterung der Kapillargefäße. Bei Hitze und bei Erregung (z. B. Schreien des Kindes) verfärbt sich das Feuermal dunkler. Meist findet man

Feuermale auf Stirn oder Nacken, und oft verschwinden sie innerhalb des ersten Lebensjahres vollständig.

Kratzen

Gerade Säuglinge haben häufig Kratzspuren am Körper, da sie sich meist ganz unbewusst kratzen. Aber manchmal kann auch eine der schon beschriebenen Hautirritationen dahinterstecken.

DAS HILFT GEGEN KRATZER

Halten Sie die Fingernägelchen möglichst kurz. Bei Säuglingen fallen sie ab und man sollte sie nicht unbedingt mit der Schere kürzen.

Es gibt kleine Baumwollhandschuhe, die Sie Ihrem Kind über die Hände ziehen können, damit es sich keine Wunden zufügen kann.

Wenn das Kratzen ein dauerhafter krankheitsbedingter Zustand (wie z. B. bei Neurodermitis) ist, ist es wichtig, gemeinsam mit dem Kinderarzt die Ursache zu erforschen, um die Erkrankung bestmöglich behandeln zu können.

Das Zahnen

Das Zahnen verläuft bei fast allen Kindern komplett unterschiedlich. Es gibt Kinder, bei denen die Eltern kaum etwas merken, und es gibt Kinder, die hohes Fieber und andere Symptome haben. Dazu gehören: Ihr Kind ist weinerlich und quengelig, es hat Fieber, Schnupfen, Durchfall, rote Bäckchen, sabbert stark usw.

SO KÖNNEN SIE IHR KIND BEIM ZAHNEN UNTERSTÜTZEN

- Beißringe (teilweise sogar kühlbar) und andere dafür geeignete Gegenstände, auf denen Ihr Kind herumkauen kann, lindern manchmal den Druck des Zahnfleisches.
- Es gibt Gels, die Sie Ihrem Kind auf das Zahnfleisch auftragen können und die den Schmerz lindern.
- In der Apotheke sind spezielle homöopathische Kügelchen (Osanit) erhältlich, die unterstützen sollen.
- Wenn Ihr Kind im Zusammenhang mit dem Zahnen Fieber bekommt, kann es sinnvoll sein, Fieberzäpfchen zu verabreichen, aber immer nur in Rücksprache mit Ihrem Kinderarzt.

Bei den vielen Zähnchen, die durchbrechen, wird jeder Elternteil irgendwann rausgefunden haben, was dem eigenen Kind am besten hilft. Bei einer Mutter war es ein feuchter Waschlappen, auf dem die Tochter stundenlang herumgekaut hat – was die Mutter zwar ekelig fand, der Tochter aber gutgetan hat.

Schnuller oder Daumen?

Manche Eltern machen sich schon während der Schwangerschaft Gedanken darüber, ob sie überhaupt zulassen wollen, dass ihr Kind einen Schnuller bekommt, da die Abgewöhnung nicht ganz einfach ist.

Unsere Erfahrung: Der Schnuller beruhigt Säuglinge ungemein und hilft dem Kleinkind später auch durch so manch schwierige Situation (Krankheit, Schmerzen ...). Viele Eltern, deren Kinder den Schnuller nicht genommen haben, berichten häufig, dass sie sich manchmal gewünscht hätten, dass ihr Kind einen Schnuller genommen hätte, da es dann vielleicht leichter zu beruhigen gewesen wäre.

Kinder, die keinen Schnuller bekommen, nehmen häufiger den eigenen Daumen, am Anfang unbewusst, später gezielt – da das Nuckeln beruhigend wirkt. Sind Schnuller oder Daumen über einen langen Zeitraum hinweg ständig im Mund, kann sich der Kiefer verformen und die Zähne nicht richtig wachsen – häufig müssen diese Fehlstellungen dann kieferorthopädisch behandeln werden.

Wenn Ihr Kind einen Schnuller nimmt, fangen Sie am besten schon frühzeitig mit der Abgewöhnung an – spätestens mit drei Jahren sollte er komplett weg sein! Ist Ihr Kind ein „Daumenlutscher", dann ist die Abgewöhnung häufig deutlich schwieriger – einen Schnuller kann man weglegen, aber ein Daumen ist immer da! Je älter Kinder werden, desto eher kann man eventuell an die Vernunft appellieren und erklären, was alles passiert, wenn sie weiterhin am Daumen nuckeln. In Apotheken gibt es spezielle Tinkturen, die man auf den Daumen auftragen kann (gilt auch beim Nägelkauen). Der Geschmack ist sehr ekelig, aber die Tinktur ist nicht giftig.

> **! EXPERTENTIPP**
>
> Eine Mutter hat die Finger ihres Kindes mit selbst gemachter Farbe blau gefärbt (Blaubeersaft oder Brombeersaft), was der Sohn so abschreckend fand, dass er die Finger nicht mehr in den Mund gesteckt hat.

Frische Luft und Luftbefeuchter

Wenn Sie ein kleines Kind haben, sollten Sie immer dafür sorgen, dass die Zimmer immer ausreichend gelüftet sind. Regelmäßiges Lüften ist ganz wichtig! In den wärmeren Monaten ist das ziemlich einfach, da öffnen Sie nach Bedarf die Fenster und sorgen damit für das passende

Raumklima. Aber im Winter, wenn die Heizung läuft, haben Sie in der Regel ziemlich trockene Luft in den Räumen, die zur Austrocknung der Schleimhäute führen kann.

PRAXISTIPPS GEGEN ZU TROCKENE LUFT

- In Wasserbehältern, die an die Heizung gehängt werden, verdampft die Flüssigkeit, wodurch die Luftfeuchtigkeit steigt.
- Sie können auch ein feuchtes Handtuch in den Schlafraum hängen, dies erhöht ebenfalls die Luftfeuchtigkeit.
- Das Zimmer, in dem Ihr Kind schläft, sollte nur mäßig geheizt werden – die ideale Schlaftemperatur liegt bei 16 bis 18 °C.
- Stoßlüften Sie mindestens zweimal pro Tag.

Im Fachhandel gibt es spezielle Luftbefeuchter. Mit Ausnahme einer medizinischen Notwendigkeit raten Experten jedoch von deren Verwendung ab, da diese Befeuchtungssysteme einen guten Nährboden für unterschiedlichste Bakterien bieten, die dann im gesamten Kinderzimmer verteilt werden.

Plötzlicher Kindstod

Der plötzliche und völlig unerwartete Tod eines scheinbar gesunden Babys ist sicherlich eines der schrecklichsten Ereignisse, das eine Familie treffen kann. Aufgrund der gesunkenen Gesamtsterblichkeit aller Säuglinge ist der plötzliche Kindstod die häufigste Todesursache zwischen den ersten 14 Lebenstagen und dem Ende des ersten Lebensjahres geworden. Bisher gibt es keine Möglichkeiten, den plötzlichen Kindstod vorherzusehen. Aber die gute Nachricht: Sie können das Risiko enorm minimieren!

Auch wenn die Ursachen des plötzlichen Kindstods trotz intensiver Forschung bisher nicht geklärt werden konnten, so lassen sich doch eindeutige Risikofaktoren benennen. Folgende Empfehlungen können das Risiko des plötzlichen Kindstods deutlich vermindern:

- Legen Sie das Baby zum Schlafen auf den Rücken. Es gibt keinen Beleg dafür, dass Babys in Rückenlage an Erbrochenem ersticken könnten. Die Bauchlage kann Ihr Baby immer dann genießen, wenn es wach ist.
- Rauchen Sie nicht während der Schwangerschaft und sorgen Sie nach der Geburt für eine völlig rauchfreie Umgebung Ihres Kindes.
- Vermeiden Sie eine Überhitzung Ihres Babys: Die ideale Raumtemperatur beträgt 17 bis 19 °C.
- Das Babybett sollte nach Möglichkeit nicht neben der Heizung oder direkt in der Sonne stehen.
- Die Gefahr eines Wärmestaus oder einer Atembehinderung kann durch den Verzicht von Kopfkissen, Federbetten und Fellen vermieden werden. Verzichten Sie deshalb in der Wohnung auf eine Kopfbedeckung. Überschüssige Wärme gibt Ihr Baby am besten über das Gesicht und den freiliegenden Kopf ab.
- Legen Sie Ihr Kind so ins Bett, dass es mit dem Kopf nicht unter die Decke rutschen kann. Empfehlenswert ist ein Schlafsack, das Kind sollte während des Schlafens jedoch nicht fixiert sein.
- Ab der fünften Lebenswoche benötigt Ihr Baby in der Wohnung nicht mehr Bekleidung als Sie selbst. Zum Schlafen genügen Windel, Unterhemd und Schlafanzug.

DIE 3-R-REGEL

Die Wahrscheinlichkeit des plötzlichen Kindstods kann Studien zufolge deutlich gesenkt werden, wenn Sie die einfache 3-R-Regel einhalten:
- R1: Rauchfrei und bei 18 bis 20 °C
- R2: Rückenlage
- R3: Richtig gebettet in einem Babyschlafsack ohne Bettdecke

Rauchen in der Wohnung

Jeder Mensch hat Laster. Wenn Sie bereits seit Jahren rauchen, werden Sie nach der Geburt Ihres Kindes wahrscheinlich nicht damit aufhören können. Sie sollten sich aber bewusst machen, was Nikotin mit Kindern macht.

Fakt ist: Wenn Sie Kinder haben, sollten Sie auf gar keinen Fall in der Wohnung rauchen. Das Risiko des plötzlichen Kindstods steigt enorm, wenn in der Wohnung geraucht wird, in der sich Ihr Säugling aufhält. Wenn Ihr Kind größer wird, schadet das Passivrauchen enorm, es greift die Lungen an und Ihr Kind hat ein höheres Risiko, früh an Atemwegserkrankungen zu leiden.

Wenn Sie rauchen, tun Sie dies im Sinne Ihrer Kinder nur außerhalb der eigenen vier Wände!

EXPERTENTIPP !

Versuchen Sie mit Beginn der Schwangerschaft mit dem Rauchen in der Familie aufzuhören. Erklären Sie aber auf jeden Fall die gesamte Wohnung zur rauchfreien Zone! Nutzen Sie Ihr Kind als Ihre eigene Motivation, um mit dem Rauchen aufzuhören.

GRÖSSERE UND KLEINERE KRISENSITUATIONEN

Sie werden zwar im Laufe der Zeit zum Experten für Ihr eigenes Kind, trotzdem wird es immer wieder Situationen geben, in denen Sie an Ihre Grenzen stoßen. Mal ist die Krise größer, mal ist sie kleiner: Wir zeigen Ihnen Handlungsmöglichkeiten, wie Sie mit den unterschiedlichen Situationen umgehen können.

Der Babyblues

Kurz nach der Geburt fallen viele junge Mütter oft in ein ihnen unerklärliches Stimmungstief. Dieses kann von ein paar Heultagen bis hin zu einer schweren Depression reichen.

Für fast alle Außenstehenden sind diese Gefühle nicht nachvollziehbar: Neun Monate Vorfreude auf das Baby, gefolgt vom Wunder der Geburt. Dann sollte doch eigentlich ein unbeschreibliches Glücksgefühl einsetzen! Stattdessen: heulendes Elend und nagende Schuld oder Versagensängste. Was passiert hier?

Der „Babyblues" tritt sehr häufig auf, beinahe 80 Prozent aller jungen Mütter sind davon betroffen. Er ist eine Folge der ausgeprägten hormonellen Umstellung nach der Geburt. Der Hormonspiegel, vor allem

Östrogen und Progesteron, sinkt nach der Geburt ganz plötzlich ab. Gleichzeitig produziert der Körper der Frau das Hormon Prolaktin, das für die Milchbildung verantwortlich ist.

Mit den oben genannten Stimmungsschwankungen können weitere Symptome wie Müdigkeit, Erschöpfung, aber auch Traurigkeit und eine erhöhte Empfindsamkeit einhergehen.

Dieser Zustand dauert in etwa aber nur bis zu sieben Tage an und hört meist wieder auf, wenn Sie das Krankenhaus verlassen und in Ihre gewohnte Umgebung zurückkehren. Sie müssen sich also keine Sorgen machen, wenn Sie nach der Geburt nicht sofort alles Glück der Erde empfinden.

Die Wochenbettdepression

Das Heimtückische an der Wochenbettdepression oder postnatalen Depression ist, dass sie oft erst bis zu zwei Jahren nach der Geburt auftritt. Sie kann sich aber schon in den ersten Wochen nach der Entbindung bemerkbar machen und an den Babyblues anschließen.

In Deutschland sind nach neueren Untersuchungen jährlich etwa zehn bis 20 Prozent aller jungen Mütter davon betroffen. Vermutlich ist die Dunkelziffer bedeutend höher, denn welche Frau gesteht sich schon gerne ein, dass sie statt des ersehnten Mutterglücks nur Frustration und Überforderung empfindet?

Die Symptome einer Wochenbettdepression können sich auf unterschiedlichste Art und Weise äußern. Depressionen äußern sich meist in einer heillosen Überforderung, Gefühlen von Traurigkeit, Empfindsamkeit, Reizbarkeit, aber auch Erschöpfung und Ruhelosigkeit. Oft ist die Situation dann noch gepaart mit extremer Ängstlichkeit und auch Konzentrationsstörungen. Die jungen Mütter fühlen sich isoliert, unverstanden und nicht fähig, mit dem Neugeborenen umzugehen. Diese zwiespältigen Gefühle führen dann zu Schuldgefühlen, Versagensängsten, Niedergeschlagenheit und im schlimmsten Falle sogar zu Suizidgedanken.

„Eine Frau hat nach der Geburt glücklich zu sein!" Dieser Druck belastet viele Frauen, die dann auch versuchen, ihren depressiven Zustand nach der Geburt zu verbergen.

Aber gerade jetzt ist es wichtig, sich einen oder mehrere Gesprächspartner zu suchen. Der Versuch, die Depression zu unterdrücken oder zu verstecken, macht meistens alles nur noch schlimmer. Die Mutter sollte sich unbedingt Unterstützung bei Freunden und Familie holen und auch professionelle Hilfe bei Selbsthilfegruppen oder Ärzten in Anspruch annehmen.

Hebammen kennen sich mit diesem Thema auch sehr gut aus und kennen zudem die entsprechenden Ansprechpartner. Manchmal helfen bei diesen Depressionen allerdings keine beruhigenden Worte mehr. Schwere Wochenbettdepressionen oder gar Psychosen müssen und sollten professionell, medikamentös und mitunter auch in einer Klinik behandelt werden.

Teilen Sie Ihre Gefühle unbedingt mit! Sie sind nicht die einzige junge Mutter, die solche Gefühle hat, und es ist nichts Schlimmes dabei! Je früher Sie professionelle Hilfe in Anspruch nehmen, desto besser!

HIER FINDEN BETROFFENE HILFE

Wenn Sie den Verdacht haben, dass Sie an einer postnatalen Depression leiden, sind dies die richtigen Ansprechpartner:
- Nachsorgehebamme, Gynäkologe oder Hausarzt
- die Wochenbettdepressions-Hotline in Frankfurt/Main, Tel. 01577 4742654

Auf der Webseite www.schatten-und-licht.de finden Sie eine Liste von Experten, Selbsthilfegruppen und einen kleinen Selbsttest.

Erschreckende Gedanken

Gerade in Krisensituationen, wenn Ihr Kind z. B. aus vermeintlich unerklärbaren Gründen pausenlos schreit, ohne dass Sie es beruhigen können, oder aber auch bei Schreikindern, kann es sein, dass Sie negative Gedanken, wie oben aufgeführt, bekommen.

Seien Sie versichert, Sie sind mit diesen Gedanken nicht alleine! Viele Eltern stoßen im Laufe der ersten Lebensjahre mit dem eigenen Kind an die eigenen Grenzen. Natürlich überwiegt häufig die Freude. Aber genauso wie schöne Augenblicke gibt es auch anstrengende Momente mit Ihrem Kind, wenn es z. B. ununterbrochen schreit, das Stillen nicht klappt, Ihr Kind nicht schlafen mag oder nur im Kinderwagen schläft ... Die Liste der anstrengenden Momente ist lang! Meist stecken Sie diese anstrengenden Momente mühelos weg, beispielsweise weil Sie einen Partner oder Freunde und Familienmitglieder haben, die Sie unterstützen, oder weil Sie vom Typ her ein sehr positiver und ausgeglichener Mensch sind, der gut mit Stress umgehen kann, oder aber weil Ihnen dieser Stress gar nicht so stressig vorkommt.

Es gibt aber genauso auch viele Menschen, die nicht so viel Unterstützung haben, kein so starkes Nervenkostüm besitzen oder einfach mal einen schlechten Tag haben. Und dann kann ein schreiendes Kind Wut auslösen. Diese Wut ist in der Regel nicht gegen das Kind gerichtet, sondern eine allgemeine Wut über die Situation, in der Sie sich gerade befinden. Meist bleibt es, Gott sei Dank, nur bei Gedanken wie „Ich könnte das Baby jetzt zum Fenster rauswerfen". Aber es gibt auch immer wieder Fälle, in denen Eltern so überfordert mit ihrer Rolle sind, dass sie diese Gedanken auch in die Tat umsetzen.

Tipps, wenn Sie negative Gedanken überkommen:
- Nehmen Sie sich eine kurze Auszeit. Atmen Sie ein paarmal tief durch, gehen Sie ganz kurz in einen anderen Raum – keine Angst, Ihr Kind wird wahrscheinlich auch nach einer Minute noch schreien, aber Sie hatten wenigstens eine räumliche Trennung.
- Prägen Sie sich tolle Momente (z. B. das Angestrahltwerden vom eigenen Kind) immer wieder ein, sodass Sie sich dieses Bild in stressigen Situationen vor Augen führen können. Oder hängen Sie sich ein Foto von diesem Moment auf.
- Bitten Sie Ihren Partner, Familienmitglieder oder Freunde um Hilfe, schildern Sie ihnen, dass Sie derzeit überfordert sind und kleine Auszeiten für sich benötigen, damit Sie wieder Kraft tanken können.
- Falls dies nicht hilft, können Sie sich auch professionelle Hilfe holen oder sich an das Jugendamt wenden und dort Ihre Angst vor Überforderung schildern. Vielleicht gibt es die Möglichkeit, stundenweise durch Fachpersonal unterstützt zu werden. Auf jeden Fall erhalten Sie dort Hilfe.

Wichtig ist immer: Sie sind nicht alleine mit diesen Gedanken! Und Sie sind auch nicht alleine mit Ihren Ängsten. Sie müssen jedoch um Hilfe bitten, damit Sie welche bekommen!

Schreibabys

Alle Babys schreien durchschnittlich etwa 30 Minuten am Tag, wenn sie hungrig oder müde sind. Ungefähr 16 % der Babys in Deutschland schreien bis zu ihrem dritten Lebensmonat exzessiv, zwischen dem dritten und sechsten Lebensmonat sinkt diese Rate auf 6 %, danach schreien noch ca. 2,5 % der Babys ungewöhnlich viel.

> **DREIERREGEL FÜR SCHREIBABYS**
>
> Als Schreibaby gilt ein Säugling, der
> - täglich mehr als **drei** Stunden schreit,
> - an mindestens **drei** Tagen in der Woche,
> - über mehr als **drei** Wochen hinweg,
> - aus unerklärlichen Gründen schreit und sich kaum beruhigen lässt.

Das Schreien tritt oft plötzlich auf, wenn sich das Baby kurz zuvor noch anscheinend wohlgefühlt hat. Meist beginnt die „Schreibabykarriere" mit einem Alter von zwei Wochen. Bevorzugt treten die Schreiattacken nachmittags und in der ersten Nachthälfte auf. Die Babys ballen dabei meist die Fäuste zusammen und ziehen die Beine an. Durch das viele Schreien gelangt viel Luft in den Bauch, sodass dieser „(auf-)gebläht" wird.

Unter jungen Eltern kursieren viele Methoden, wie sie schreiende Babys beruhigen können. Meistens werden Wiegebewegungen empfohlen, etwa indem sie ihr Baby in eine an der Decke befestigte Babyhängematte oder Federwiege legen oder mit dem Baby auf dem Arm auf einem Gymnastikball wippen. Manche Eltern schwören auch auf Autofahren. Monotone Geräusche wie Staubsauger, Fön oder Waschmaschine können dem Baby ebenfalls beim Einschlafen helfen.

Doch in manchen Fällen helfen all diese Tipps nicht und das Baby schreit unbeeindruckt weiter. Wichtiger als die objektive Dauer des

Schreiens ist jedoch die von Ihnen subjektiv empfundene Belastung. „Schreibabys" zermürben Elternnerven und stellen eine massive Belastung für alle Beteiligten dar. Wenn Sie die Erfahrung machen, das Schreien Ihres Babys kaum beeinflussen zu können, kann dies die Eltern-Kind-Beziehung wie auch Ihr eigenes psychisches Wohlbefinden stark beeinträchtigen. Die Feinfühligkeit der Eltern und ihre Bereitschaft, auf das Kind einzugehen, kann abnehmen, was die Entwicklung weiterer Störungen begünstigen kann.

Scheuen Sie sich daher nicht, zeitnah professionelle Unterstützung zu suchen! Hilfe finden Sie bei Schreiambulanzen. Dort erfolgt aufgrund von ausführlichen Gesprächen, ärztlichen Untersuchungen und Verhaltensbeobachtungen eine ausführliche Diagnostik. Nur selten liegen – trotz des weitverbreiteten Begriffs der Dreimonatskoliken – organische Ursachen wie etwa Magen-Darm-Probleme beim Kind vor. In vielen Fällen ist eine Eltern-Säuglings-Interaktionsberatung hilfreich. So lernen Eltern z. B. anhand von Videoaufnahmen, kindliche Signale zu interpretieren. Als Ergänzung können nach Bedarf weitere Maßnahmen wie Osteopathie, Heilpädagogik, Ergotherapie des Kindes oder auch Familientherapie zum Einsatz kommen.

Empfehlungen für Babys, die viel schreien und schlecht in den Schlaf finden

Sollte Ihr Baby in den ersten Lebensmonaten sehr viel schreien, sich nur schwer beruhigen lassen und schwer in den Schlaf finden, können diese auf Empfehlungen der Münchener Schreisprechstunde basierenden Tipps hilfreich sein:

1. Wann immer möglich: Gehen Sie sanft und ohne Hektik vor.
2. Es ist hilfreich, wenn Sie Ihr Baby an gewisse Regelmäßigkeiten in Form von Ritualen gewöhnen, denn nur so kann es lernen. Und es braucht viele geduldige Wiederholungen, um zu lernen. Versu-

chen Sie den ständigen Wechsel und das Ausprobieren neuer, gut gemeinter Tipps und Tricks zu vermeiden.

3. Nutzen Sie besondere Zeiten. In der Regel ist Ihr Baby morgens nach dem Nachtschlaf am zufriedensten. Die erste Wachzeit ist für das Einüben neuer Gewohnheiten (Zwiegespräch, auf fester Unterlage liegen, sich mit sich selbst beschäftigen, auf dem Bauch liegen, Einschlafen im Stubenwagen/eigenem Bettchen) meist am günstigsten.

4. Halten Sie einen regelmäßigen Tagesablauf ein, z. B.: aufwachen, stillen/Fläschchen geben (mit Nickerchen), Wachphase und schlafen legen. Beginnen Sie den Tag immer gleich.

5. Beobachten Sie die Signale Ihres Kindes und lernen Sie diese zu verstehen, um sich dann von ihnen leiten zu lassen. Hierzu gehört, dass Sie die Signale von Aufnahmebereitschaft, Hunger, Ermüdung, Belastung, Überreiztheit lesen lernen und befolgen. Hierzu gehört ebenso, ausreichend Tagesschlafphasen sicherzustellen und Schlaf- und Ruhephasen bei den ersten Anzeichen von Müdigkeit zu bieten. In der Wachphase sollten Sie weniger aufregende Erfahrungen (Beobachten, Zuhören, Zwiegespräch, Spiel mit den Händchen) anbieten.

6. Nutzen Sie Wachphasen für entspannte Zwiegespräche oder Spielchen, wenn Ihr Kind dazu Lust hat. Je ausgeglichener die Wachzeit, umso leichter das Einschlafen und umso geruhsamer der Schlaf.

7. Vermeiden Sie Übermüdung. Achten Sie auf erste Anzeichen von Müdigkeit (im frühen Säuglingsalter nach etwa ein bis eineinhalb Stunden nach dem letzten Aufwachen). Lassen Sie Ihr Kind allmählich zur Ruhe kommen und bringen Sie es frühzeitig zum Schlafen. Die verbreitete Annahme, zu viel Schlaf am Tag könne den Nachtschlaf verschlechtern, hat sich bei Schreikindern nicht bestätigt. Im Gegenteil führt ein regelmäßiges Schlafenlegen ohne zu lange Wachzeiten eher zu einer Beruhigung des Kindes und somit zu einer Erleichterung, auch zu anderen Zeiten in den Schlaf zu kommen, da Ihr Baby dann weniger überreizt ist.

8. Vermeidung Sie Überreizung durch zu viele überstimulierende Beruhigungsstrategien wie z. B. das Hüpfen auf dem Gymnastikball, Schaukeln, ständiger Wechsel von Körperlagen und Ablenkungsstrategien.

9. Vermeiden Sie die Überreizung Ihres Babys bei Reizhunger.

10. Reduzieren Sie Reize, insbesondere vor dem Einschlafen. Schaffen Sie „Ruheinseln" durch ein abgedunkeltes Zimmer, sanfte Musik, sanftes Wiegen auf dem Arm, beruhigendes leises Summen, Singen, Zureden. Überflüssige Reize, akustischer oder visueller Art, sollten Sie möglichst reduzieren.

11. Wählen Sie eine Beruhigungsstrategie aus und behalten Sie diese konsequent bei.

12. Schreistunden, die bei vielen Säuglingen oft am Abend stattfinden, können Sie überbrücken, indem Sie Ihr Baby zur Schlafenszeit mit dem Tragetuch spazieren tragen oder mit dem Kinderwagen fahren. Ein 24-stündiges Herumtragen im Tragetuch sollten Sie jedoch vermeiden.

13. Nehmen Sie sich eine Auszeit zur eigenen Entspannung bei großer Anspannung, Erschöpfung oder aufsteigender Wut. Legen Sie zunächst Ihr Baby an einen sicheren Ort, versuchen Sie dann zur Ruhe zu kommen (machen Sie Ihrem Ärger im Nebenraum Luft). Erst anschließend sollten Sie erneut versuchen, Ihr Baby zu beruhigen.

14. „Verordnen" Sie sich Entspannungszeiten ohne Kind, in denen andere Personen auf Ihr Baby aufpassen.

15. Versuchen Sie, Ihrem Säugling durch Nähe am Körper Halt, und Sicherheit zu vermitteln. Bei jedem „Handling" (Baden, Füttern, Anziehen, Hochnehmen) empfiehlt es sich, mit Ihrem Baby Kontakt aufnehmen (ihm z. B. immer das Vorgehen erklären, Blickkontakt suchen). Nehmen Sie es über die Seite hoch und unterstützen Sie sein Köpfchen, umso mehr, je jünger es ist. Ist es ausgeschlafenen und satt, legen Sie es möglichst regelmäßig auf eine feste Unterlage (z. B. eine Decke auf den Boden) und legen Sie sich dazu, auch wenn Ihr Kind diese Position zunächst ablehnt.

Bei anhaltendem Schreien sollten Sie Ihren Kinderarzt aufsuchen. Ihre Hebamme kann Sie hierbei sicher auch sehr gut unterstützen.

Schütteln verboten!

Manchmal können Belastung und Stress mit Ihrem Neugeborenen gewaltig sein. Wenn dann das schreiende Baby nicht aufhört, dann ist es leider schon häufiger passiert, dass Eltern, um das Kind zur Ruhe zu bringen, ihren Säugling schütteln.

Was viele Eltern nicht wissen, ist, dass ein Schütteltrauma zu schweren Verletzungen und späteren Behinderungen führen kann. In schlimmeren Fällen auch zum Tode! Auch wenn das Baby äußerlich oft unversehrt bleibt, sind die möglichen Folgen nicht zu unterschätzen. Typische Symptome eines Schütteltraumas können Schlappheit, Schläfrigkeit, Erbrechen, Krampfanfälle oder auch Atemaussetzer sein.

Der Säugling hat einen im Verhältnis zu seinem Körpergewicht sehr schweren und großen Kopf und die Nackenmuskulatur ist noch zu schwach, um den Kopf bei Schüttelbewegungen genügend zu stabilisieren. Bereits leichtes Schütteln kann zur Schädigung der noch sehr zarten Nervenfasern im Nackenbereich des Kindes führen und so einen Atemstillstand verursachen.

EXPERTENTIPP   **!**

Schütteln oder bewegen Sie Ihr Kind niemals zu heftig. Wenn Sie das bei anderen Personen beobachten sollten, dann schreiten Sie sofort ein!

Mama ist krank – was nun?

Eine weitere Krisensituation entsteht, wenn die Bezugsperson, die sich in der Regel fast immer um das Kind kümmert, sich beispielsweise aufgrund einer Erkrankung nicht ausreichend um das Baby kümmern kann.

Überlegen Sie als Erstes, wer Sie bei der Betreuung und Pflege Ihres Kindes unterstützen kann. Im günstigsten Fall ist dies eine Person, die Ihr Kind auch selber schon kennt.

Wenn Sie so stark erkranken, dass Sie sich nicht mehr um die Versorgung Ihres Kindes kümmern können, können Sie bei Ihrer Krankenkasse eine Haushaltshilfe beantragen, die Sie dann unterstützt. Eine bezahlte Haushaltshilfe können auch der Vater, die Großeltern oder jemand anderes aus dem Bekanntenkreis sein, die Ihr Kind bereits kennt.

So können Sie die eigene Erkrankung möglichst angenehm für Ihr Kind gestalten:
- Wenn Sie keine ansteckende Krankheit haben, versuchen Sie trotzdem, so gut es geht, für Ihr Kind da zu sein. Kuscheln Sie zusammen im Bett oder lesen Sie ihm Geschichten vor. Nutzen Sie dann Zeiten, in denen vielleicht jemand anderes mit Ihrem Kind spazieren geht, um selber zur Ruhe zu kommen und gesund zu werden.
- Wenn Sie ansteckend erkrankt sind, versuchen Sie den Kontakt zu Ihrem Kind auf ein Minimum zu beschränken oder besorgen Sie sich einen Mundschutz. Bleiben Sie am besten in Ihrem Schlafzimmer, wo Ihr Kind Sie nicht sieht, denn sonst möchte es natürlich auch zu Ihnen. Erklären Sie der betreuenden Person den regulären Tagesrhythmus Ihres Kindes und bitten Sie sie, diesen auch einzuhalten. Denn so kann sich Ihr Kind an diesen festen Tagespunk-

ten orientieren, die eine Menge Sicherheit bieten, auch wenn Sie gerade nicht greifbar sind.

In der Realität sieht es jedoch häufig so aus, dass Sie sich trotzdem fast ausschließlich alleine um Ihr Kind kümmern, wenn Sie selber erkrankt sind. Achten Sie bitte darauf, dass Sie sich trotzdem viele Ruhepausen gönnen, um schnell wieder fit zu sein!

Gute Ablenkungsmanöver

Wenn Ihr Kind sich gerade in einer Krisensituation befindet, sich nicht so schnell beruhigen lässt, aber auch keine sichtbaren Gründe für diese Krise zu erkennen sind, kann es sinnvoll sein, wenn Sie etwas ganz anderes machen, als Sie bisher probiert haben.

Beispiel: Ihr Kind schreit → Sie nehmen es in den Arm → Ihr Kind schreit weiter → Sie versuchen es zu trösten → Ihr Kind schreit weiter …

Sie sehen, dass Ihr Baby nicht die gewünschte Reaktion zeigt! Also probieren Sie etwas anderes aus, ein „Ablenkungsmanöver", das Ihr Kind von der eigentlichen Krise ablenken soll.

- Holen Sie das Lieblingsspielzeug Ihres Kindes.
- Gehen Sie mit Ihrem Kind in einen anderen Raum.
- Singen Sie ein Lied.
- Tanzen Sie mit Ihrem Kind.
- Bieten Sie ihm etwas zu trinken an.
- Ziehen Sie lustige Grimassen oder machen Sie komische Geräusche.
- Kitzeln Sie Ihr Kind.
- Schauen Sie gemeinsam in den Spiegel.
- Wischen Sie das Gesicht Ihres Kindes mit einem feucht-warmen Waschlappen ab.

EXPERTENTIPP

Wichtig: Bevor Sie ein Ablenkungsmanöver starten, schauen Sie immer erst, ob Ihr Kind nicht doch einen triftigen Grund für seine Krise hat, sonst fühlt es sich nicht ernst genommen. Das sollte es aber, damit es eine gute Vertrauensbasis aufbauen kann.

Wenn sich Ihr Kind durch diese Ablenkungsmanöver von der Krise ablenken lässt und sich beruhigt, ist in der Regel nichts Schlimmes. Sollte es sich allerdings trotzdem nicht ablenken lassen oder direkt wieder anfangen zu weinen und zu schreien, sollten Sie auf jeden Fall einen Arzt aufsuchen, um sichergehen zu können, dass nichts Körperliches vorliegt.

Traumatische Erlebnisse überwinden

Auch kleinen Kindern können traumatische Erlebnisse wiederfahren, die sie einfach nicht vergessen können, z. B. durch das laute Geräusch eines Brandmelders. Es kennt das Geräusch nicht und kann es nicht zuordnen. Außerdem verbreitet sich meist überall, wo ein Brandmelder losgeht, eine panische Stimmung.

In den meisten Fällen wird sich Ihr Kind nach einem solchen Erlebnis schnell wieder erholen und dieses Erlebnis auch vergessen. In einigen Fällen kann der Verarbeitungsprozess aber auch länger andauern. Vielleicht schreckt Ihr Kind ängstlich bei jedem fremden Geräusch zusammen, ist generell zurückhaltender und ängstlicher als vorher oder aber es versucht, das Erlebte im Rahmen seiner Möglichkeiten immer wieder zu „erzählen": Dies muss nicht zwingend mit Worten passieren, sondern kann auch durch laute Geräusche und Gesten geschehen.

Was können Sie tun, wenn Ihr Kind ein traumatisierendes Ereignis nicht verarbeiten kann?

- Ganz wichtig: Nehmen Sie Ihr Kind immer mit allen Ängsten, die es hat, ernst!
- Zeigen Sie Ihrem Kind verschiedene Gegenstände, die es für einen Rauchmelder halten könnte, und erklären Sie ihm, dass nicht jedes ein Geräusch macht bzw. dass jeder Gegenstand ein anderes Geräusch macht. Vielleicht ist Ihr Kid experimentierfreudig und testet selber mal aus, was passiert, wenn es die Gegenstände drückt, gegeneinander haut oder auf den Boden plumpsen lässt.
- Versuchen Sie die Situation spielerisch mit Ihrem etwas älteren Kind aufzuarbeiten: Spielen Sie vielleicht Feuerwehr und löschen Sie natürlich immer frühzeitig den (nicht echten!) Brand. Dann versteht es, warum ein Rauchmelder wichtig ist.
- Seien Sie geduldig! Erwarten Sie nicht, dass Ihr Kind das Erlebte binnen kürzester Zeit vergisst. Bedenken Sie, dass es noch nicht über alle Erfahrungen verfügt, die wir selber schon in unserem Leben gemacht haben.

Sollten Sie das Gefühl haben, dass sich das Trauma auch mit der Zeit nichts bessert und Ihr Kind immer noch sehr in sich gekehrt und ängstlich ist, sollten Sie mit Ihrem Kinderarzt über dieses Problem reden oder sich an einen Experten wenden.

Hilfe, der Schnuller ist weg!

Ihr Kind hat wahrscheinlich mehrere Schnuller, einen oder zwei im Bett, einen im Kinderwagen, einen haben Sie sicher auch immer in der Tasche und noch ein paar noch verpackte als Reserve zu Hause.

Wahrscheinlich kennt fast jedes Elternteil die Situation, dass Sie mit Ihrem Kind unterwegs sind, es sich stößt und weint oder einfach nur müde ist und seinen heiß geliebten Schnuller braucht. Und oje – kein Schnuller zu finden! Das Gebrüll ist in dieser Situation programmiert, denn die lieben Kleinen sind meist so an ihren Schnuller gewöhnt, dass sie in vielen Situationen gar nicht mehr ohne ihn können.

Was können Sie tun, wenn Sie den Schnuller mal vergessen haben?
- Bleiben Sie ruhig und versuchen Sie Ihr Kind so zu beruhigen.
- Vielleicht gibt es in der Nähe einen Supermarkt oder eine Drogerie, wo Sie schnell Ersatz finden können – abkochen können Sie den Schnuller zur Not in fast jedem Café, in dem es heißes Wasser gibt. Wenn Sie dort mit einem schreienden Kind reingehen, wird Ihnen bestimmt gerne schnell geholfen.
- Als Schnullerersatz können Sie Ihrem Kind Ihren geknickten kleinen Finger anbieten, oft geht das auch erst einmal.
- Wenn Sie eine Trinkflasche dabei haben, geben Sie Ihrem Kind erst einmal diese, damit es sich beruhigen kann.

Auch wenn Sie es nicht glauben können, wenn Ihr Kind erst einmal mit dem Gebrüll angefangen hat und Sie das Gefühl haben, es wird sicher nie wieder aufhören: Irgendwann wird Ihr Kind sich beruhigen oder aber vor Erschöpfung einschlafen – auch ohne Schnuller.

Das Kuscheltier ist nicht da

Ähnlich wie mit dem Schnuller verhält es sich mit dem Lieblingskuscheltier – es ist meist nie da, wenn es wirklich benötigt wird!

Es gibt Kinder, die sehr auf ein spezielles Kuscheltier fixiert sind. Denken Sie vorausschauend und kaufen Sie mindestens noch ein weiteres Exemplar davon. Jedes Kuscheltier muss zwischendurch in die Wäsche, zum Puppendoktor oder fällt irgendwann komplett auseinander. Und dann gibt es meist genau dieses eine Exemplar nicht mehr – deshalb beugen Sie lieber vor! Indem Sie die beiden Exemplare ab und zu wechseln, beispielsweise beim Waschen, wird Ihr Kind nie sein altes Kuscheltier vermissen, weil es beide für ein und dasselbe Kuscheltier hält.

Sollte das Kuscheltier doch einmal weg sein, müssen Sie kreativ werden und geduldig bleiben. Versuchen Sie Ihr Kind zu trösten, nehmen Sie es in den Arm und bieten Sie ihm gegebenenfalls an, abends im Bett so lange mit ihm zu schmusen, bis es eingeschlafen ist – dann spielen Sie das lebendige übergroße Kuscheltier!

Das Baby mag nicht essen

In den ersten Lebensmonaten nimmt die Nahrungsaufnahme einen großen Stellenwert bei Ihrem Baby ein: Etwa die Hälfte seiner Zeit im wachen Zustand ist es damit beschäftigt, Nahrung aufzunehmen. Dabei hat es zahlreiche Aufgaben zu bewältigen: Es muss sich an neue Geschmacksrichtungen und Konsistenzen gewöhnen und den Übergang von der Milchnahrung zur Breinahrung vom Löffel meistern. Eine biologisch bedingte Sensibilisierung für feste Nahrung erleichtert Ihrem Kind diese Umstellung. Durch Schreien nach dem Füttern oder nachts zeigt es, dass sein Bedarf an Kalorien nicht mehr durch das Stillen allein gedeckt werden kann.

So unterschiedlich Kinder sind, so verschieden ist auch die Bewältigung dieser Entwicklungsaufgaben. Etwa jedes vierte bis fünfte Kind unter zwei Jahren hat Schwierigkeiten bei der Nahrungsaufnahme. Die häufigsten Probleme sind die Verweigerung von fester Nahrung oder des Essens generell. Das macht sich durch das Wegdrehen des Kopfes, Ausspucken oder Wegstoßen von Nahrung bemerkbar. Manche Eltern verstärken dieses Verhalten ungewollt, indem sie die feste Nahrung wieder weglassen und weiter Flüssignahrung geben.

Verständlicherweise fällt es den betroffenen Eltern schwer, die Ruhe zu bewahren, wenn ihr Kind nicht ausreichend zu sich nimmt. Die Nahrungsaufnahme wird so zum täglichen Kampf, oft mit der Folge, dass zu aufwendigen Ablenkmanövern gegriffen oder das Kind (z. B. mit einem Metalllöffel) zu stark stimuliert wird und es das Essen dadurch als unangenehm erlebt.

Sollten Sie Fütterprobleme mit Ihrem Kind haben, bewahren Sie also einen kühlen Kopf: Die meisten Schwierigkeiten sind entwicklungsbedingt und verschwinden wieder. Hat Ihr Kind schon seit Monaten wenig gegessen, schaffen ein paar Wochen mehr meist keinerlei Probleme.

> **! EXPERTENTIPP**
>
> Um Ihr Kind bei den Mahlzeiten zu unterstützen, können folgende Maßnahmen hilfreich sein:
> - Schaffen Sie einen regelmäßigen Tagesablauf mit festen Mahlzeiten. So lernt Ihr Kind, sich auf die Nahrungsaufnahme einzustellen. Es ist gut, wenn die ganze Familie zusammenkommt, da andere Familienmitglieder ihm als Vorbild dienen können.
> - Bieten Sie keine Snacks zwischendurch an. Ihr Kind sollte ausreichend hungrig zu den Mahlzeiten sein.
> - Achten Sie darauf, dass Sie mit der Fütterung möglichst dann beginnen, wenn Ihr Kind Hunger signalisiert, und beenden Sie das Füttern bei deutlichen Zeichen für Sättigung, um ein „Überfüttern" zu vermeiden.
> - Sorgen Sie für eine bequeme und angemessene Sitzposition, z. B. in einem Hochstuhl mit Seitenstützen und Fußablage.
> - Bieten Sie kleine Portionen und kindgerechtes Besteck (Plastiklöffel) an.
> - Schaffen Sie eine entspannte Atmosphäre ohne Ablenkungsmöglichkeiten und richten Sie Ihren Blick auch auf das Essen als Form des sozialen Kontakts.

- Loben Sie Ihr Kind und wenden Sie sich ihm zu, wenn es Interesse am Essen zeigt. Zwingen Sie es nicht zur Nahrungsaufnahme und wenden Sie sich ab, wenn es sich ablehnend verhält. Vermeiden Sie überlistende Methoden wie das Zeigen von Spielzeug, damit das Kind den Mund öffnet.
- Beenden Sie die Mahlzeiten nach spätestens 30 Minuten. Spielt Ihr Kind nur mit dem Essen oder wirft es umher, räumen Sie das Essen nach zehn Minuten weg.
- Grundsätzlich sollte das spielerische Erkunden des Essens jedoch erlaubt sein, um Ihrem Kind die Scheu zu nehmen und es in Ruhe mit allen Sinnen entdecken zu lassen, was sonst sofort in seinem Mund landet. Füttern Sie es ruhig einmal mit den Händen oder lassen Sie es selbst ohne Besteck essen.

Darüber hinaus ist es sinnvoll, dem Kind immer wieder neue Geschmacksrichtungen anzubieten, zum Beispiel, indem Sie ihm die Nahrung auf die Lippen aufstreichen. So kann es sich daran gewöhnen, ohne es gleich essen zu müssen. Den Übergang von flüssiger zu fester Nahrung können Sie erleichtern, indem Sie den Brei Schritt für Schritt immer mehr eindicken.

Manche Kinder lassen sich ungern im Mundbereich berühren, hier kann das Einüben von Berührungen außerhalb der Füttersituationen Abhilfe schaffen: Zunächst sollten Berührungen am Körper, später im Gesicht und schließlich am Mund stattfinden, sowohl mit der Hand als auch mit Spielzeugen. Spezielle Trainingssets zum Zähneputzen helfen Ihrem Kind, seinen Mundbereich selbstständig zu entdecken. Bleiben alle Maßnahmen ohne Erfolg, sollten Sie das Gespräch mit Ihrem Kinderarzt suchen, der organische Ursachen (wie eine unzureichend entwickelte Mundmotorik) abklären und weitere Hilfen wie Logopädie oder die Unterstützung durch eine Diätassistentin verordnen kann.

DIE KINDERBETREUUNG

Eigene Kinder zu haben bedeutet für die meisten Menschen das totale Glück. Viele Eltern müssen oder wollen aber relativ schnell wieder in ihren Beruf einsteigen. Daher müssen oft frühzeitig alternative Betreuungsmöglichkeiten für das eigene Kind her. Dabei ist am Wichtigsten, dass Sie ein gutes Gefühl haben und Ihr Kind gut aufgehoben wissen.

Familie und Beruf

Wenn Sie gerade Mutter geworden sind und vielleicht noch mit den ersten Stillversuchen kämpfen oder das Anlegen der Windeln noch nicht so gut klappt, dann haben Sie mit Sicherheit noch keine Fragen im Kopf wie: „Wann kann ich wieder arbeiten?"

Unsere Empfehlung ist ganz eindeutig: Lassen Sie sich so lange wie möglich mit dieser Entscheidung Zeit. Denn Kinderbetreuung ist ein Fulltime-Job!

Seien Sie aber sicher, dass Ihnen, wenn Sie sich mit dem Wiedereinstieg in den Beruf beschäftigen, die folgenden Fragen begegnen werden:
- „Soll ich wirklich wieder in meinem alten Job anfangen?"
- „Was werden meine Eltern sagen, wenn ich meine tolle Stelle in der Bank aufgebe und Hausfrau und Mutter werde?"
- „Wird mein Kind verwahrlosen, wenn ich nicht immer für es da bin?"
- „Warum tue ich mir das eigentlich an?"

Wenn Sie die Wahl haben und nicht so schnell wie möglich wieder arbeiten gehen müssen, dann genießen Sie diese Zeit, denn so schnell werden Sie sie (in der Regel) nicht noch einmal erleben können.

Dennoch könnte es sein, dass Selbstzweifel und Schuldgefühle Sie plagen, wenn Sie nicht wie viele andere junge Mütter voller Elan sofort wieder in den Job zurückkehren und das Kind in die Obhut einer Kita geben.

Hier kann es nur einen einzigen richtigen Tipp geben. Besprechen Sie das Thema in Ruhe mit Ihrem Partner, rechnen Sie einmal die finanziellen Möglichkeiten genau durch und lassen Sie dann Ihren Bauch entscheiden.

Für welche Lösung Sie sich auch immer entscheiden – Vollzeitmutter, Teilzeitmutter, Karrierefrau, „Ich schmeiß alles hin und mache ein Yogastudio auf"-Mutter: Wir hoffen, es ist für Sie die richtige Wahl gewesen. Und seien Sie sicher, wenn Sie Ihre Wahl getroffen haben und diese Entscheidung von ganzem Herzen leben, dann wird es auch die richtige sein.

Kindergarten, Kita, Krippe

Die Lage in den Kinderbetreuungseinrichtungen hat sich durch die vielen benötigten Betreuungsplätze für Kinder unter drei Jahren sehr verändert. Jedes Kind ab dem ersten Geburtstag hat nun einen Rechtsanspruch auf einen Betreuungsplatz.

In vielen Kindertagesstätten gibt es spezielle Gruppen für die Kinder zwischen dem ersten und dem dritten Lebensjahr („U3"). Diese Gruppen sind deutlich kleiner als die der „großen" Kinder und in der Regel auch räumlich von den anderen Gruppen getrennt.

Die Kinderbetreuung

Die Betreuung in einer Kita bietet sich an, wenn z. B. aufgrund der Berufstätigkeit das Kind mindestens halbtags untergebracht werden muss. Eine stundenweise Betreuung ist im Kindergarten nicht möglich.

 EXPERTENTIPP

Wenn Sie sich für die Unterbringung in der Kita entscheiden, nutzen Sie die sehr intensive Eingewöhnungsphase, um Ihrem Kind den Übergang in die Fremdbetreuung zu erleichtern.

Tagesmutter & Co.

Wenn Sie Ihr Kind in etwas privaterer Atmosphäre unterbringen möchten, gibt es bestimmt in Ihrer näheren Umgebung auch Tagesmütter oder private Kindertagespflegeeinrichtungen. Der Unterschied hierbei liegt meist in der Anzahl der maximal betreuten Kinder. Wo eine einzelne Tagesmutter höchstens fünf fremde Kinder betreuen darf, können in einer privaten Tagespflegeeinrichtung – je nachdem, wie viel Fachpersonal vorhanden ist – mehr Kinder betreut werden.

Ein Vorteil dieser privaten Unterbringung ist der familiäre Charakter, den die Betreuung hat. Auch sind die privaten Kindertagespflegepersonen meist flexibler in Bezug auf die Betreuungszeiten. Dies kommt gerade Eltern, die z. B. im Schichtdienst tätig sind, zugute, denn welcher Kindergarten hat schon vor sechs Uhr morgens geöffnet? Fast alle Tagespflegepersonen haben vor ihrer Tätigkeit mindestens einen längeren Kurs besucht, bei dem ihnen alles Wichtige in puncto Kindertagespflege vermittelt wurde, oder sie haben eine erzieherische oder pädagogische Grundausbildung.

Ein weiterer Vorteil ist, dass private Tagespflegepersonen auch Säuglinge in die Betreuung aufnehmen, d. h., selbst wenn Sie direkt nach dem Mutterschutz wieder arbeiten müssen und eine Betreuung für Ihr Kind benötigen, kann dies über eine Tagespflegeperson erfolgen.

> **EXPERTENTIPP**
>
> Hören Sie sich im Bekanntenkreis nach guten Tagespflegepersonen um. Kümmern Sie sich frühzeitig um einen Platz.

Oma und Opa

Am praktischsten ist es natürlich, wenn die Großeltern in der Nähe wohnen und diese gerne die Betreuung ihres Enkels übernehmen. In der Regel ist dies ziemlich unkompliziert, denn das Kind kennt die Großeltern schon und Sie selber haben auch weniger Hemmungen, ihnen Ihr Kind zu überlassen als jemand ganz Fremdem.

Aber Vorsicht: Großeltern wollen Großeltern sein und ihr Enkelkind verwöhnen. Sobald sie sich aber mehrere Stunden in der Woche um ihr Enkelkind kümmern sollen, haben sie einen gewissen Erziehungsauftrag – wie die Erzieherin im Kindergarten auch – und Sie als Eltern haben wahrscheinlich auch gewisse Erwartungen an die Betreuung.

> **EXPERTENTIPP**
>
> Sprechen Sie Ihre Erwartungen an die Betreuung genau ab, denn dann entstehen die wenigsten Missverständnisse. Vielleicht ist es ja auch möglich, dass Ihr Kind bei Ihnen zu Hause von den Großeltern betreut wird, dann könnten Sie beispielsweise die Regel aufstellen: In Ihrem Haus Ihre Regeln, und wenn Sie mal mit dem Kind bei den Großeltern sind, dürfen die Großeltern dann auch nach Lust und Laune Großeltern sein.

Babysitter

Ein Babysitter ist eine gute und meist günstige Möglichkeit, wenn Sie nur ab und zu für kurze Zeit eine Betreuung benötigen. Babysitter sind meist Jugendliche, die sich ihr Taschengeld aufbessern wollen. Die meisten Babysitter haben schon erste Erfahrungen, sei es durch die Betreuung eigener Geschwister oder aber durch andere Babysitterjobs. In vielen Städten gibt es Babysitterkurse für Jugendliche, die gerne Kinder betreuen möchten. In diesen Kursen lernen sie erste Grundzüge der Kleinkindpflege. Nach erfolgreich absolviertem Kurs erhalten die Jugendlichen ein Zertifikat. In vielen Städten gibt es sogenannte Babysitterkarteien, in die sich Babysitter eintragen lassen können. Dort finden Sie zu jedem Babysitter Informationen über mögliche Zeiten, Erfahrungen, Alter, Wohnort usw.

Wenn Sie einen Babysitter gefunden haben, vereinbaren Sie am besten, dass die ersten Termine bei Ihnen zu Hause stattfinden, und seien Sie anwesend. Das bedeutet für beide Parteien Sicherheit. Wenn Sie mit der Zeit das Gefühl haben, dass eine gute Basis gefunden wurde, können Sie Ihr Kind ruhig kurze Zeiten mit dem Babysitter alleine lassen oder aber die beiden gemeinsam auf einen Spaziergang schicken. So haben Sie dann ein wenig Zeit für Haushalt, Einkaufen oder wichtige Termine.

> **EXPERTENTIPP**
>
> Fragen Sie in Ihrer Nachbarschaft herum, ob dort nicht vielleicht ein potenzieller Babysitter wohnt. Die Vorteile sind zum einen die räumliche Nähe und zum anderen, dass Sie sich vielleicht schon einmal kennengelernt haben.

Das Au-pair

Wenn Sie zu Hause über ausreichend Platz verfügen, können Sie auch darüber nachdenken, sich ein Au-pair ins Haus zu holen.

Ein Au-pair ist ein junger Mensch aus dem Ausland, der für eine bestimmte Zeit (meist zwölf Monate) Erfahrungen im Ausland sammeln und eine fremde Sprache lernen möchte. Gegen Mithilfe im Haushalt und bei der Kinderbetreuung (max. sechs Stunden am Tag und 30 Stunden pro Woche) bekommen Au-pairs Kost und Logis, ein Taschengeld (derzeit 260 € im Monat), werden von den Gasteltern versichert und sind somit ein Familienmitglied auf Zeit.

Vorteil eines Au-pairs

- Au-pairs leben mit im Haushalt und sind während ihres Aufenthaltes ein vollwertiges Familienmitglied. Dadurch entsteht schnell ein Vertrauensverhältnis.

Nachteil eines Au-pairs

- Durch den engen Familienanschluss kann es für manche Kinder sehr traurig sein, wenn die Au-pairs nach einem Jahr wieder abreisen.

ALLE WISSEN ES BESSER

Insbesondere als Mutter sind Sie vielleicht stark verunsichert, ob Sie alles richtig machen, ob Ihr Kind satt ist, friert oder sein Bäuerchen richtig gemacht hat. Und dann kommt noch die Mutter, Schwiegermutter, Nachbarin oder Tante, die Ihnen sagt, dass doch alles ganz anders geht und es so, wie Sie es machen, verkehrt ist. Lassen Sie sich nicht verunsichern, Sie machen alles genau richtig.

„Ich würde es anders machen!"

Vielleicht überprüfen Sie aus Sorge um den plötzlichen Kindstod ständig nachts den Atem Ihres Kindes und machen sich verrückt, weil es nicht kerzengerade auf dem Rücken in seinem Schlafsack liegt. Und wenn Ihre Schwiegermutter dann noch einen Satz wie „Ich würde es anders machen!" sagt, geraten Sie gewaltig an Ihre Grenzen. Logischerweise haben Sie auch überlebt, obwohl Sie vielleicht z. B. auf dem Bauch geschlafen haben oder jeden Tag gebadet wurden. Und doch sind Sie verunsichert.

Oft stecken hinter diesen Ratschlägen wirklich gut gemeinte Hilfsangebote, die Ihnen als Eltern eigentlich Ängste nehmen und mehr Sicherheit geben sollen. Aber was kommt bei Ihnen an?

In der Regel sind Sie durch die Kommentare Ihrer eigenen Eltern oder Verwandten völlig verunsichert. Dabei sollten Sie doch die Experten für Ihre eigenen Kinder sein und nicht ständig von allen Seiten erklärt bekommen, wie es besser geht.

> **EXPERTENTIPP**
>
> Wenn Sie wieder mal einen gut gemeinten Ratschlag hören, atmen Sie erst einmal einige Male tief durch und bedanken Sie sich für den Tipp. Machen Sie es aber so, wie Sie es selber für richtig halten und gelernt haben, weiter, denn Sie sind der Experte für Ihr Kind.

„Das Kind ist zu dick/zu dünn!"

Das Gewicht des eigenen Kindes ist in vielen Familien ein heikles Thema. Denn wirkt ein Kind sehr schmal, tuscheln andere oft, ob es denn auch genug zu essen bekomme und vor allem auch das Richtige. Sollte Ihr Kind eher proppere Formen haben, heißt es häufig, dass Sie es maßlos überfüttern und zudem wahrscheinlich nur mit zuckerhaltigen Lebensmitteln.

Jedes Kind ist einzigartig, das heißt, es entwickelt sich auch komplett individuell. Und das betrifft nun einmal auch die Statur. Lassen Sie sich von niemandem, der kein ausgebildeter Kinderarzt ist, einreden, Ihr Kind wäre zu dick oder zu dünn!

Sie wissen selber am besten, dass Ihr Kind die bestmögliche Ernährung von Ihnen erhält und dass sich alles mit der Zeit verwachsen wird. Achten Sie darauf, dass die fürsorglichen Omas und Tanten das „arme dünne Kindchen" nicht mit zu viel Süßigkeiten verwöhnen.

Wenn damit nämlich einmal angefangen wird, entwickelt sich das meist zu einem ungesunden Teufelskreis.

Grenzen setzen bei den Großeltern

Großeltern mischen sich gerne in die Erziehung unserer kleinen Lieblinge ein. Oft verwöhnen sie ihre Enkelkinder auch nach Strich und Faden – aber haben sie nicht als Großeltern auch ein bisschen das Recht dazu?

Großeltern sollten auch richtige Großeltern sein dürfen. Sie sollen verwöhnen und heimlich etwas Süßes zustecken dürfen. Aber nur dann, wenn sie auch die reguläre Großelternrolle innehaben. Und dies ist nur dann der Fall, wenn sie ab und an mal für kurze Zeit zu Besuch kommen oder besucht werden. Denn dann ist das etwas ganz Besonderes.

Sollten Großeltern jedoch auch einen gewissen Erziehungsauftrag erfüllen, z. B. wenn sie regelmäßig auf die Enkelkinder aufpassen, wenn beide Elternteile berufstätig sind, sollten sie sich an gewisse Regeln halten und diese dann auch befolgen. Diese Regeln legen Sie als Eltern fest.

Regeln können zum Beispiel sein:
- Keine Süßigkeiten vor dem Essen.
- Kein wildes Toben kurz vor dem Schlafengehen.
- Kein Fernsehen vor dem und für das Kind.

Diese Regeln sind genau die Regeln, die Sie sich für Ihren eigenen Umgang mit Ihrem Kind überlegt haben, und sollten daher von allen, die die meiste Zeit mit Ihrem Kind verbringen, eingehalten werden.

Erinnern Sie die Großeltern immer wieder daran – auch sie sind meist lernfähig! Machen Sie dies allerdings in angemessener Form – setzen Sie sich mit ihnen zusammen und erklären Sie Ihre Regeln genau und vor allem, warum Ihnen diese Regeln wichtig sind. Räumen Sie den Großeltern aber auch kleine Freiräume ein, damit sie das Großelternsein genießen können. Dann klappt es auch besser mit dem Einhalten der Regeln.

AUSZEITEN FÜR DIE ELTERN

Um es mal gleich vorweg zu sagen: Babyzeit und Chaos gehören zusammen wie Hochsommer und Affenhitze. Wer sagt, er habe mit Baby alles im Griff, der verschweigt gerne mindestens mal die Hälfte! Wichtig ist daher, dass Sie sich Auszeiten gönnen – als Eltern und als Paar – und nicht vergessen, wie Sie früher einmal gelebt haben.

Von der Partnerschaft zur Elternschaft

Wenn aus einem Paar ein Elternpaar wird, geht es auf einmal um Existenzielles: Das Baby braucht unmittelbar und jederzeit Ihre Nähe. Damit ist ein Thema ins Zentrum der Beziehung gerückt, das Sie nicht umgehen oder verschieben können. Und damit bekommt die Beziehung einen neuen Schwerpunkt – wie bei einer Wippe, auf der man ein neues Gleichgewicht erst finden muss, wenn sich am anderen Ende jemand dazusetzt. (Und sei er noch so klein!)

Das Existenzielle bekommen Sie aber noch von ganz anderer Seite zu spüren: von Ihrem eigenen Körper! Sie sind nämlich erschöpft, bisweilen unausgeglichen – und manchmal schnell gereizt. Daraus ergibt sich oftmals, dass die Partnerschaft unter die Lupe genommen wird. Was vor der Geburt vielleicht Anlass zu leichter Verstimmung war, kann nun ein Riesenthema werden.

Die Babyzeit ist zudem, wie keine andere Phase, von Erwartungen der Umwelt geprägt: Während das Baby an sich gar nicht so viel „macht" – es lächelt oder schreit, es ist aufmerksam oder schläfrig, es trinkt, es ist halt einfach da –, machen die Leute drum herum sehr, sehr viel. Nie ist der Norm- und Erwartungsdruck auf die Eltern seitens der Angehörigen, der Nachbarn, sogar der Passanten so groß wie in dieser frühen Phase. Alle meinen zu wissen, was das Kleine gerade braucht. Und nun müssen Sie als Elternpaar sich zwischen so vielen Meinungen entscheiden – das kostet Zeit und Energie. Und kann Sie davon ablenken, was Sie ja auch sind: ein Paar!

Was gehört weiterhin zu Ihrer Paaridentität? Antwort: Was Sie vor dem Kind verbunden, einst zusammengeführt hat, ist jetzt (schlummernd) immer noch da. Was Sie früher gern zusammen gemacht haben, wird Ihnen jetzt mit hoher Wahrscheinlichkeit auch noch gefallen. Die Frage ist: Gönnen Sie sich das noch?

Verbringen Sie Paar-Zeit!

Ganz sicher ist aber nicht mehr alles so zuverlässig planbar und Ihr Kind macht Ihnen den einen oder anderen einen Strich durch die Rechnung, weil es Sie braucht. Umso wertvoller, wenn es doch klappt mit dem Abend zu zweit.

Eine Untersuchung zeigt: Die gemeinsame Zeit, die Paare mit Kindern unter sechs Jahren durchschnittlich pro Tag miteinander verbringen, beträgt im Schnitt bloß dreieinhalb Stunden. Und darin sind alle Aktivitäten in der Familie schon enthalten, also auch Haushaltführung, Essen und Trinken oder Fernsehen.

Unsere Empfehlungen daher:

- Setzen Sie die Messlatte eher niedrig – aber setzen Sie sie! Nehmen Sie sich vor, mindestens einmal pro Woche (am Wochenende gerne mehr!) eine Stunde gemeinsam Zeit mit dem Partner zu verbringen.
- Suchen Sie gemeinsam nach Möglichkeiten, sich gegenseitig zu entlasten, sodass jeder auch eine Nische für sich behält, um etwas in Ruhe zu tun.
- Und schließlich: „Man muss noch Chaos in sich haben, um einen tanzenden Stern gebären zu können." (F. Nietzsche)

Mutter-/Vater-Kind-Kur

Manchmal reicht es nicht aus, einem Hobby nachzugehen oder sich mit einem Freund zu treffen. Als Eltern fühlen Sie sich vielleicht kraftlos, sind unzufrieden oder sogar mit der Situation des Elternseins ein wenig überfordert.

Wenn Sie das Gefühl haben, dass Sie an der Grenze Ihrer Belastbarkeit sind, und feststellen, dass Ihre Gesundheit unter den Anforderungen leidet, kann eine Mutter- oder Vater-Kind-Kur das Richtige für Sie sein.

Am besten, Sie sprechen mit Ihrem Kinder- oder Hausarzt. Der kann Ihnen beim Antrag helfen bzw. muss in der Regel auch ein Formular für Sie ausfüllen. Ebenso können Sie sich bei Ihrer Krankenkasse erkundigen.

Eine weitere sehr hilfreiche Möglichkeit ist es, einen Termin bei einer Kurvermittlungsstelle zu vereinbaren. Diese gibt es meist in den größeren Städten entweder in freier Trägerschaft oder über die Kirchen. Oder Sie wenden sich an das Müttergenesungswerk. Bei den Kurberatungsstellen wird Ihnen in der Regel sehr kompetent geholfen.

WICHTIGE ADRESSEN

Wer fragt, der führt! Wenn etwas mal nicht auf Anhieb klappt, Sie Probleme oder Fragen haben, scheuen Sie sich nicht, zu fragen. Wir haben in Deutschland, neben der extrem guten medizinischen Versorgung, eine breite Palette an Beratungsangeboten und Anlaufstellen. Wir haben einige Links mit weiteren hilfreichen Informationen für Sie zusammengestellt.

Beratungsstellen

In einer Erziehungs-/Familienberatungsstelle können Sie sich zu sämtlichen Themen rund ums Kind kompetent und kostenfrei beraten lassen. Beratungsstellen können in der Trägerschaft von Kommunen, Kirchen, Verbänden oder Vereinen sein. Unter www.bke.de können Sie mithilfe Ihrer Postleitzahl die nächste Erziehungs- und Familienberatungsstellen in Ihrer Nähe suchen. Ebenfalls gibt es dort die Möglichkeit, sich online zu Problemen beraten zu lassen oder im Chat mit anderen auszutauschen.

Frühförderzentren

Wenn Sie den Verdacht haben, dass Ihr Kind entwicklungsverzögert ist oder Auffälligkeiten zeigt, dann kann eine rechtzeitige Frühförderung sehr wichtig sein. Besprechen Sie dieses so schnell wie möglich mit Ihrem Kinderarzt. Je früher eine Beeinträchtigung oder Auffälligkeit in der kindlichen Entwicklung festgestellt wird, desto besser kann vorgebeugt und geholfen werden. Gerade in den frühkindlichen Entwicklungsphasen lässt sich noch vieles beeinflussen.

Frühförderstellen bieten interdisziplinäre, ganzheitliche, medizinische, pädagogische, psychologische und auch soziale Hilfe für Familien behinderter oder von Behinderung bedrohter Kinder vom Säuglingsalter bis zum Schuleintritt an. Von der Diagnostik über die Therapie, die pädagogische Förderung und die Beratung, Anleitung und Unterstützung der Eltern. Das heißt, dass Sie schnellen Zugriff auf zahlreiche Spezialisten aus den verschiedensten Fachgebieten haben, die alle zum Wohle Ihres Kindes arbeiten, z. B. Kinderärzte mit einer Schwerpunktausbildung, Psychologen, pädagogische und heilpädagogische Fachkräfte, Logopäden, Physiotherapeuten und Ergotherapeuten.

Sozialpädiatrische Zentren (SPZ)

Sozialpädiatrische Zentren sind besonders spezialisierte Einrichtungen der ambulanten Krankenversorgung zur Untersuchung und Behandlung von Kindern und Jugendlichen. Ein SPZ arbeitet ebenfalls fachübergreifend, es ist medizinisch-therapeutisch orientiert und steht fachlich-medizinisch unter ständiger ärztlicher Leitung. Zu den Aufgaben eines SPZ gehören die Diagnostik und Behandlung von Kindern und Jugendlichen bis zum 18. Lebensjahr, die aufgrund der Art, Schwere und Dauer der Erkrankung nicht in einer ärztlichen Praxis oder in interdisziplinären Frühförderstellen behandelt werden können.

Schwerpunkt der Sozialpädiatrischen Zentren sind Krankheiten, die Entwicklungsstörungen, Behinderungen, Verhaltensauffälligkeiten oder seelische Störungen mit sich bringen oder bringen können.

Schreiambulanzen

Wenn Sie den Verdacht haben, dass Ihr Kind ein Schreibaby ist, besprechen Sie dies am besten mit Ihrem Kinderarzt. Dieser wird geeignete Maßnahmen mit Ihnen besprechen und/oder Sie an eine Schreiambulanz verweisen. Die Behandlung von Schreibabys hat eine sehr gute Prognose. Es hat sich herausgestellt, dass der frühe Besuch und die Annahme von Hilfe die Langzeitwirkungen deutlich minimieren oder gar auf null reduzieren können.

Adressen für Schreibaby-Experten:
www.schreibaby.de/adressen-fuer-eltern-von-schreibabys.

Psychotherapie

Für Ihr Kind, für Sie als Eltern? – Ja, warum nicht? Manchmal ist der Start in das neue Familienleben nicht so einfach, wie Sie sich das vielleicht vorgestellt und ausgemalt haben. Schwangerschaft, Geburt und Elternschaft stellen Sie und Ihr Kind vor Herausforderungen und bringen sehr viele Veränderungen mit sich. Schon Säuglinge und Kleinkinder können auffällige Symptome entwickeln, wie stundenlanges Schreien, Unruhe, Schlafprobleme, Essstörungen und Trennungsangst. Diese können wiederum zu einer Überforderungssituation bei Ihnen führen. Und die führt dann manchmal wieder bei Ihrem Kind zu Unsicherheiten und Ängsten. So befinden Sie sich ganz schnell in einem Teufelskreis, und daraus können schon bei Ihrem Baby Störungen resultieren, die langfristig das gesunde seelische Wachstum Ihres Kindes beeinflussen und sich zu Entwicklungsverzögerungen oder gar schweren psychischen und psychosomatischen Krankheiten ausweiten können. Damit es nicht so weit kommt, bedarf es manchmal Hilfe.

Eine spezielle Säuglings-Kleinkind-Eltern-Psychotherapie hilft Ihnen dabei, Ihr Kind und sich selbst besser zu verstehen. In den meisten Fällen reicht schon eine Beratung von einer bis zu fünf Sitzungen. Gleichzeitig werden Sie als Eltern zum aktuellen Entwicklungsstand Ihres Kindes beraten und es werden Ihnen Alternativen zur Interpretation der kindlichen Signale gegeben.

9 GRÜNDE, PSYCHOTHERAPEUTISCHE HILFE IN ANSPRUCH ZU NEHMEN

1. Traumatische Geburtserfahrungen,
2. frühgeborene Kinder,
3. Störung des Schlaf- und Wachrhythmus,
4. Babys, die viel schreien und nicht zu beruhigen sind,
5. Still- Entwicklungs- und Gedeihstörungen ohne organischen Befund,
6. Verhaltensauffälligkeiten des Kindes, z. B. Apathie, Klammern, Trotz, Angst und Aggressionen,
7. Mütter mit nachgeburtlicher Depression,
8. Väter, die sich ausgeschlossen fühlen,
9. Eltern, die nach der Geburt ihres Kindes Angst, Überforderung, Schuld und Enttäuschung erleben.

Sie brauchen wirklich keine Bedenken zu haben, wenn Sie den Rat einer Fachfrau in Anspruch nehmen. Auf der Seite der Bundespsychotherapeutenkammer können Sie nach einem Psychotherapeuten in Ihrer Nähe suchen: www.bptk.de/service/therapeutensuche.

Kinder- und Jugendpsychiater

Eine weitere Möglichkeit, Ihr Kind bei psychischen Problemen vorzustellen und qualifizierten Rat zu erhalten, sind Kinder- und Jugendpsychiater. Sprechen Sie hierzu am besten Ihren Kinderarzt an.

Empfehlenswerte Links für Eltern

Wenn Sie zu den Eltern gehören, die nicht gleich zum Kinderarzt gehen und sich lieber vorab informieren, dann finden Sie hier eine Auswahl an interessanten Links. Vergessen Sie jedoch nie die Regel: „Lieber einmal zu oft zum Arzt als einmal zu selten!"

Allergie
Internetportal der Kinderumwelt gGmbH in Osnabrück zu „Allergien, Umwelt und Gesundheit": www.allum.de

Arzt- und Psychotherapeutensuche
Internetseite der Bundesärztekammer: www.kbv.de

Elternberatung
Kostenloses Internetangebot des Familienministeriums mit Einzelberatungen (ähnlich wie E-Mail-Beratung), Einzel- und Gruppenchats sowie ein moderiertem Elternforum: www.bke-Elternberatung.de

Behinderte Kinder
Informationsangebot zu Frühförderung, Kindergarten und Schule für Kinder mit einer Behinderung sowie über Angebote für Jugendliche und Erwachsene mit Behinderung: www.familienratgeber.de

Informationen zu Leistungen des Staates
Webseite des Bundesfamilienministeriums mit Themen von Schwangerschaft bis Kindergeld mit Onlineformularen für staatliche Leistungen, Checklisten, Kinderzuschlagsrechner, Elternzeitrechner, Steuerrechner: www.familien-wegweiser.de

Ernährung
Internetseite der Deutschen Gesellschaft für Ernährung rund um die Ernährung: www.dge.de

Hebammen
Webseite des Deutschen Hebammenverbandes:
www.hebammenverband.de

Kinderärzte
Seite der Kinderärzte im Netz: www.kinderaerzte-im-netz.de

Fragen zur Kindergesundheit
Angebot der Bundeszentrale für gesundheitliche Aufklärung: www.kindergesundheit-info.de

Das Kindernetzwerk
Datenbank mit über 80.000 Adressen von Selbsthilfegruppen, Kliniken und Bundesverbänden: www.kindernetzwerk.de

Kur
Seite des Müttergenesungswerks: www.muettergenesungswerk.de

Psychotherapie
Webseite der Bundespsychotherapeutenkammer mit Infos zu Psychotherapie und Therapeutensuche: www.bptk.de

Sozialpädiatrische Zentren
Website der Deutschen Gesellschaft für Sozialpädiatrie und Jugendmedizin: www.dgspj.de

Stillverträglichkeit von Medikamenten
Hinweise rund um das Thema Stillen und Medikamente: www.embryotox.de

Wochenbettdepression
Übersicht über Experten, Selbsthilfegruppen und ein Selbsttest: www.schatten-und-licht.de

---

Die wichtigsten Checklisten für die ersten beiden Jahren mit Ihrem Kind finden Sie hier noch einmal zum Download.

www.humboldt.de/url/416321

Register

Achtmonatsangst 12
Allergien 82
ärztlicher Bereitschaftsdienst 154
Au-pair 207
Auszeiten 212

Babyakne 177
Babybett 49
Babyblues 184
Babygruppen 132, 133
Babykleidung 56, 59
Baby Led Weaning 87
Babymassage 116
Babyschalen 146
Babysprache 32
Babywippe 124
Baden 102
Bauchmassage 171, 172
Bauchschmerzen 171
Bettlaken 51, 52, 53
Bindungsentwicklung 16
Biokost 75, 76, 77
Brei, einfrieren 88

Daumen 179
Dreimonatskoliken 172
Durchschlafen 95

Einschlafrituale 94
Eltern-Kind-Bindung 16
Eltern-Kind-Gruppen 135
Entwicklung
– der Sprache 28

– des Hörens 38
– des Sehens 37
– körperliche 15
– Meilensteine 10
– motorische 17
– seelische 16
Entwicklungsschritte 19, 27, 37
Entwicklungsstufen
– motorische 17
Entwicklungsverzögerungen 39
Erbrechen 174
Erkrankung der Mutter 194
Ernährung
– Ernährung der Mutter 74
– vegetarische 84
Erstausstattung 45, 81

Fahrrad 147
Feuermal 177
Fläschchen 79
Flohhüpfer 26
Fluorid 114
Fremdeln 12
Frischluft 97

Gehhilfen 25
Getränke 84
Gewicht 165, 167
Gläschen 86
Greifreflex 21
Großeltern 205, 206, 210
Gutenachtgeschichte 93

HA-Milch 80
Hausapotheke 156
Haushalt 45
Hautprobleme 176
Herdschutz 48
Hinsetzen 24
Homöopathie 158
Honig 88
Hören 29, 38

Impfen 175

Kinderarzt 160
Kindergarten 203
Kinderwagen 142
Kinderyoga 138
Kopfgneis 176
Körperpflege 100
Krabbelgruppe 137
Krabbeln 22
Krippe 203
Kuhmilch 80
Kuscheltier 198

La Leche Liga 79
Lärm 55
Luftbefeuchter 180
Luft im Bauch 175

Medikamente 47
Milch
– abpumpen 78
– einfrieren 78
– Spezialmilch 83
Milchbildungskugeln 67

Milchpumpen 79
Milchschorf 177
Milchstau 69, 70, 71, 73
Milchzuckerunverträglichkeit
– Symptome 83
Mobile 125, 126, 128
musikalische Früherziehung 138
Muttermilch 64, 65
Mutter-/Vater-Kind-Kur 214
Mütze 58

Nabelpflege 110
Nagelpflege 111
Notarzt 154
Notrufliste 155

öffentliche Verkehrsmittel 148

Partnerschaft 212
PEKiP 136
Pferderennen 26
Pflegetücher 106
Pflegeutensilien 100
Pinzettengriff 20
plötzlicher Kindstod 96, 181
Pre-Nahrung 80
Putzmittel 47

Rauchen 183
Regulationsstörung 173
Restaurantbesuch 153
Rockzipfelalter 13

Salz 88
Säuglingsmilch 80

Schlafbedürfnis 92
Schlafenszeiten 92
Schlafsack 97
Schnuller 179, 197
Schreibabys 189, 217
Schuhe 61
Schütteln 193
Schwimmbadbesuch 152
Selbstkochen 87
Sicherheit 46
Singen 36
Sinne 120, 121, 122
Sonnencreme 150
Spazierengehen 149
Spiele
– Fingerspiele 131
– Wickeltisch- 129
Spielgruppen 137
Sprachentwicklung 30
Sprachverzögerungen 36
Sprechen
– handlungsbegleitend 32
Spucken 174
Steckdosenschutz 47
Stillen 64
– bei Grippe 74
Stillpositionen 68
Stillvorbereitungen 68
Storchenbiss 177
Stuhlgang
– Blutschlieren 170
– Brei 169
– Durchfall 169
– Ernährung 86
– Flaschenkinder 168

– grüner Stuhl 170
– Neugeborene 167
– Säuglingsnahrung 169
– Verstopfung 170

Tagesmutter 204
Taxi 147
Tragetücher 139
Traumata 196
Trotzphase 13
Turngruppe 137
Turn-Taking 31

Überkreuzbewegungen 22
U-Heft 161
UV-Schutz 60

Verbrennungen 48, 49
Vierfüßlerstand 23
Vorlesen 34, 35
Vorsorgeuntersuchungen 162
Wachstum 164
Waschen 101
Wattestäbchen 113
Wickeln 105
Wickeltasche 143
Wiedereinstieg in den Beruf 202
Windeln 104
Wochenbettdepression 185
wunder Po 109
Zahnen 178
Zucker 85
Zufüttern 86
Zweisprachigkeit 33

Bibliografische Information der Deutschen Nationalbibliothek
Die Deutsche Nationalbibliothek verzeichnet diese Publikation in der Deutschen
Nationalbibliografie; detaillierte bibliografische Daten sind im Internet über
http://dnb.ddb.de abrufbar.

ISBN 978-3-86910-632-8 (Print)
ISBN 978-3-86910-721-9 (PDF)
ISBN 978-3-86910-720-2 (EPUB)

Die Autoren: Diplom-Psychologin Melanie Gräßer ist Psychotherapeutin mit eigener Praxis
in Lippstadt für Kinder, Jugendliche und Erwachsene. Eike Hovermann jun. ist Gründer und
Geschäftsführer der Akademie für Kindergarten, Kita und Hort.

Originalausgabe

© 2015 humboldt
Eine Marke der Schlüterschen Verlagsgesellschaft mbh & Co. KG,
Hans-Böckler-Allee 7, 30173 Hannover
www.schluetersche.de
www.humboldt.de

Autoren und Verlag haben dieses Buch sorgfältig geprüft. Für eventuelle Fehler kann dennoch
keine Gewähr übernommen werden.

Wenn Sie trotz unserer Tipps mit einem Problem nicht weiterkommen, dann sprechen Sie
mit Ihrem Kinderarzt, wenden Sie sich an eine Erziehungsberatungsstelle, einen Kinder-
und Jugendpsychotherapeuten oder Kinder- und Jugendpsychiater. Die dort arbeitenden
Menschen sind auf solche Probleme spezialisiert und dafür ausgebildet, Ihnen und Ihrem Kind
zu helfen – und sie tun dies in der Regel sehr gern und gut!

Alle Rechte vorbehalten. Das Werk ist urheberrechtlich geschützt. Jede Verwertung außerhalb
der gesetzlich geregelten Fälle muss vom Verlag schriftlich genehmigt werden.

Lektorat:	Nathalie Röseler, Dateiwerk GmbH, Pliening
Layout:	Sehfeld, Hamburg
Covergestaltung:	Kerker + Baum Büro für Gestaltung, Hannover
Coverfoto:	Clicknique / Getty Images; remar / fotolia
Satz:	PER Medien+Marketing GmbH, Braunschweig
Druck und Bindung:	gutenberg beuys feindruckerei GmbH, Langenhagen